NEBOJTE SE
BUSINESS
ENGLISH

1. vydání

2006

© Nakladatelství J&M, Písek 2006

Sazba: Milan Job - DTP studio Příbram

Tisk: PBtisk Příbram

ISBN 80-86154-58-0

NEBOJTE SE

BUSINESS ENGLISH

I. KAPITOLA

OBCHODNÍ DOPIS

Obchodní dopis je ve světě podnikání jeden z nejdůležitějších způsobů komunikace. Dobře napsaný dopis může otevřít brány příležitostí, špatně napsaný je nechá zavřené.

Všechny kvalitní obchodní komunikace jsou založeny na hesle „vyjádřete se stručně a jasně". Podniky jsou denně zavaleny poštou a není proto čas číst dlouhé několikastránkové dopisy.

Zde je několik zásad pro psaní obchodního dopisu:

a) Napište pokud možno jen jednostránkový dopis.

b) Snažte se hned v první větě lidi zaujmout a ne odradit.

c) Váš dopis musí obsahovat úvod, obsah, a závěr. Neunavujte čtenáře zbytečnými detaily, které nemají s dopisem nic společného.

d) Věty a odstavce udržujte co nejkratší a co nejjasněji formulované. Nepište dlouhá a komplikovaná slova a věty.

e) Při psaní dopisu se vyhněte negativním slovům, neboť navozují u čtenáře negativní představy. Z dopisu vylučte ironii a humor, snažte se neodvádět pozornost od pravého účelu dopisu.

f) Dopis pište vždy na stroji nebo počítači, mezi odstavci lze vynechat 1–2 volné řádky, dopis umístěte na osu a podepište se. Kvalitní dopis má větší naději na kvalitní odpověď.

g) Vždy odesílejte originál a kopii si ponechte u sebe.

h) Obálku napište na stroji nebo počítači. Je to záruka rychlého odbavení Vašeho dopisu.

ch) Úpravě dopisu věnujte náležitou pozornost i při zasílání e-mailem

FORMA OBCHODNÍHO DOPISU

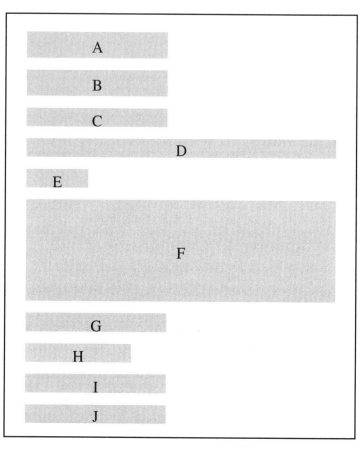

A - adresa odesíla-
tele (možno i na
střed stránky)

B - adresa příjemce

C - datum

D - věc (není nutno)

E - oslovení

F - text dopisu

G - rozloučení

H - podpis

I - údaje o přílohách

J - komu dáno na
vědomí (zkr. „cc"
carbon copy nota-
tion)

Psaní datumu:

27th March, 20..   March 27, 20..
27 March, 20..   March 27th, 20..
Možno použít zkratky měsíců: Jan., Feb., Apr ....

Věc:

Consignment Cotton by S. S. „Ohio"

Dear Sirs,

Věc v dopisu lze zvýraznit podtržením.

Oslovení:

Dear Sir,   Dear Sirs,
Dear Madam,   Gentlemen: (USA)
Dear Mr Brown,   Dear Mr and Mrs Brown,

Text dopisu:

Všechny řádky mohou začínat na stejné úrovni na levé straně (bloková forma). Odstavce lze vyznačit mezerou mezi řádky, pro zvýraznění možno odsadit několik úhozů.

Text dopisu začíná velkým písmenem.

Závěrečné formulace rozloučení:

Yours faithfully,   Yours sincerely,
Yours truly,   Respectfully yours,
Very truly yours,   (velmi zdvořilé)

Přílohy, dodatky:

Enclosures - přílohy (zkr. Enc., Encl., Enc's)
P.S. - postscript - dodatek
N.B. - Nota bene - zvláště si povšimněte

PSANÍ OBÁLKY

```
Return address                    Postage stamp

Postal instructions

                    Address

Special instructions
```

1) Address:

Adresa se píše zpravidla na střed obálky, ne příliš doleva.
Psaní adresy:
Block form: bloková forma
> Mr P. G. Brown
> 20 Park Lane
> Baltimore
> Sussex

Indented form: odsazená forma
> Mr P. G. Brown
> 20 Park Lane
> Baltimore
> Sussex

Přednost se v obchodním styku dává blokové formě.

2) Return address:

Zpáteční adresa se v obchodních dopisech uvádí do levého horního rohu.

3) Postal instructions:

Poštovní údaje např.:

by air mail	letecky
return if not delivered	v případě nedoručení vrátit
printed matter	tiskopis
C.O.D. (cash on delivery)	na dobírku
Express Delivery	expresní zásilka
P.O.Box, P.O.B.	poštovní přihrádka
Poste Restante, to be called for	ukládáno na poště

Registered	Doporučeně
Unsaleable Samples	Neprodejné vzorky
Samples without commercial value	Vzorky bez ceny
Urgent	Pilný, naléhavý
Value $...	Cenné psaní hodnoty ... dolarů

4) Special instructions:

Speciální údaje, např. komu je dopis určen.

II. KAPITOLA

ODPOVĚDI NA INZERÁTY TÝKAJÍCÍ SE ZAMĚSTNÁNÍ

Úvodní fráze:

Your advertisement describes a position that I believe is well suited to my skills and experience...

Váš inzerát popisuje místo, o kterém si myslím, že vyhovuje mým schopnostem a zkušenostem...

I am writing to you regarding your recent advertisement for a Senior Accountant.

Píši Vám ohledně Vašeho nedávného inzerátu na místo hlavního účetního.

Your ad for a Personal Director caught my attention.

Váš inzerát na místo personálního ředitele zaujal mou pozornost.

The position you describe in your recent advertisement in the „Business Week" is exactly the type of position I am seeking.

Místo, které popisujete ve Vašem nedávném inzerátu v „Business Week" je přesně ten typ místa, které hledám.

I am responding to your May 19th advertisement in The Wall Street Journal for a President of your Computer Division.

Odpovídám na Váš inzerát z 19. května ve Wall Street Journal na místo presidenta Vašeho počítačového odboru.

This letter is in response to your advertisement in The Chicago Post of February 3, 2006.

Tento dopis je odpovědí na Váš inzerát v The Chicago Post ze 3. února 2006.

I am interested in applying for a position as...as described in your advertisement.

Mám zájem ucházet se o místo jako... jak je popsáno ve Vašem inzerátu.

I am writing in response to your ad in The Denver Post for a position ...

Odpovídám na Váš inzerát v The Denver Post týkající se místa...

I am sending you my résumé in response to your ad in the May issue of The Michigan Journal for a Senior Accountant.	Zasílám Vás svůj životopis (U. S.) jako odpověď na Váš inzerát v květnovém vydání The Michigan Journal na místo hlavního účetního.
I am writing to you in response to your advertisement for a..., which appeared in The London Times on Sunday, July 15.	Odpovídám na Váš inzerát týkající se místa..., který vyšel v The London Times v neděli 15. července.
I am answering your ad for a commercial traveller in the April 20 Rocky Mountain News.	Odpovídám na Váš inzerát v Rocky Mountain News z 20. dubna na místo obchodního cestujícího.

Popis vlastností zájemce:

I would like to call your attention to the fact that I am particularly strong in working with computerized accounting systems.	Chtěl bych Vás upozornit na skutečnost, že jsem obzvláště zdatný v práci s počítačovými účetními systémy.
I am very interested in a technical sales position and your product line sounds particularly appealing.	Velice se zajímám o místo technického prodejce a Vaše řada výrobků se jeví jako zvláště přitažlivá.
As my résumé shows, I have 10 years experience in the computer field.	Jak je vidět z mého životopisu, mám desetileté zkušenosti v oblasti počítačů.
Through my own initiative, I enrolled in an intensive ten-month sales training course.	Z vlastní iniciativy jsem se zapsal do desetiměsíčního intenzivního prodejního kurzu.
I feel I have the necessary qualifications and would appreciate the opportunity to demonstrate this in a personal meeting.	Myslím, že mám potřebnou způsobilost a ocenil bych možnost ji demonstrovat při osobním jednání.
I am very interested and enthusiastic about learning.	Mám velký zájem a nadšení pro učení.

I am an outgoing, friendly individual who would enjoy developing personal relationship with customers.

Jsem společenská, přátelská osobnost, která by ráda rozvíjela osobní styky se zákazníky.

My strong communication and organizational skills would serve me well in responding to the needs of your company.

Moje velké komunikační a organizační schopnosti mi pomohou v tom, abych odpovídal potřebám Vaší společnosti.

My drive and leadership ability are evident in my curriculum vitae.

Moje činorodost a schopnost vedení jsou zřejmé z mého životopisu.

I am a hard worker who is noted for accuracy and timeliness.

Jsem zdatný pracovník vyhlášený přesností a včasností.

My performance evaluations have consistently been at the „above average" and I can furnish excellent references should you need them.

Ohodnocení mých výkonů bylo vždy „nadprůměrné" a mohu Vám dodat vynikající reference, pokud byste je potřeboval.

My experience in finance, organization and business has been both extensive and varied.

Mé zkušenosti v oblasti financí, organizace a obchodu byly vždy rozsáhlé a mnohostranné.

My specialism is finance, but my success has been due to my ability to work well with people.

Mojí specializací jsou finance, ale můj úspěch byl zapříčiněn schopností dobře pracovat s lidmi.

I have a lot to offer, and would like to put it to better use.

Mám hodně co nabídnout a rád bych toho lépe využil.

I further deepened my knowledge of the fast changing accounting laws in your country.

Dále jsem prohluboval své znalosti rychle se měnících účetních zákonů ve Vaší zemi.

As you can see from my enclosed CV, my experience and qualifications match your position's requirements.

Jak vidíte z mého přiloženého životopisu, mé zkušenosti a kvalifikace odpovídají požadavkům Vámi nabízeného místa.

I believe I have the skills that your company is seeking, and would like to be considered for the position of Personal Director.	Věřím, že mám schopnosti, které Vaše společnost hledá a rád bych byl brán v úvahu na místo personálního ředitele.
Working under tight deadlines is the standard of the advertising industry that I come from, and is not a problem for me.	Pracovat za přísných termínů je v reklamním průmyslu odkud pocházím běžné a není to pro mne problém.
The requirements you outline in The Colorado Post for a Senior Accountant closely match my background and abilities.	Požadavky, které jste nastínili v The Colorado Post na místo hlavního účetního odpovídají úzce mému vzdělání, zkušenostem a schopnostem.
The position of…is very appealing to me since your needs match a great deal of my background.	Místo…je pro mne velice atraktivní, protože Vaše potřeby velkou měrou odpovídají mému vzdělání a zkušenostem.
The position advertised provides me an ideal opportunity to use my long experience in business management.	Inzerované místo mi poskytuje ideální příležitost abych využil své dlouhodobé zkušenosti v obchodním managementu.
To attest to my skills and knowledge, I have included comments from newspapers written about my work.	Abych dosvědčil své schopnosti a znalosti, přiložil jsem komentáře z novin napsané o mé práci.

Závěrečné fráze:

I look forward to the opportunity to meet with you regarding your organization's needs and how I might contribute to its future success.	Těším se na možnost setkání s Vámi týkajícího se potřeb Vaší organizace a toho, jak bych mohl přispět k jejímu budoucímu úspěchu.
I would appreciate your time in reviewing my enclosed résumé and would welcome an opportunity to meet with you for a personal interview.	Byl bych vděčný za Váš čas při prostudování mého přiloženého životopisu a přivítal bych možnost se s Vámi sejít při osobním pohovoru.

I would greatly appreciate the opportunity to discuss more specifically how I might apply my background to meet your organization's needs.

Byl bych velice vděčen za možnost podrobněji prohovořit to, jak bych mohl upotřebit své vzdělání a zkušenosti, abych splnil potřeby Vaší organizace.

I would be delighted to talk with you about this position and look forward to hearing from you soon. I can be reached at (telephone, e-mail…)

Byl bych potěšen, kdybych s Vámi mohl hovořit o této pozici a těším se, že o Vás brzy uslyším. Jsem k dosažení na (telefon, e-mail…).

Naturally, I am anxious for an opportunity to meet with you and discuss the position in person. I can be reached at (telephone, e-mail…)

Přirozeně, toužím po možnosti se s Vámi setkat a prohovořit místo osobně. Jsem k dosažení na (telefon, e-mail…).

I am available at your convenience for an interview, and will look forward to the chance to discuss my credentials in greater detail and in person.

Jsem k dispozici k pohovoru podle toho, jak se Vám to bude hodit a těším se na možnost prohovořit mé schopnosti podrobněji a osobně.

I look forward to talking with you soon, and I'll call in the next few days if I don't hear from you.

Těším se, že s Vámi budu brzy hovořit, pokud o Vás neuslyším, zavolám Vám za několik dní.

I am looking forward to meeting with you to discuss this exciting, challenging position in more detail.

Těším se, že se s Vámi setkám, abych prohovořil toto velice zajímavé a náročné místo podrobněji.

I am confident that I possess all the necessary qualifications for the position and am ready to meet with you at your convenience.

Jsem si jist, že mám všechny odpovídající kvalifikace na toto místo a jsem připraven se s Vámi setkat podle toho, jak se Vám to bude hodit.

I would welcome any opportunity to talk with you further about the...position. Please do not hesitate to contact me at any time at the numbers listed on my résumé.

I am available to interview at your convenience and can begin work immediately.

I look forward to meeting with you personally, and reviewing the needs of your firm in greater detail. I can be reached at the above telephone number.

I would be delighted to talk with you about this position, and look forward to hearing from you soon. I can be reached at (001 234 567). Please leave a message if I am not there to personally receive your call.

Uvítal bych jakoukoliv možnost s Vámi dále hovořit o...místě. Neváhejte prosím a kontaktujte mne kdykoliv na číslech uvedených v mém životopisu.

Jsem k dispozici na pohovor podle toho jak se Vám to hodí a mohu ihned začít pracovat.

Těším se osobní setkání s Vámi a podrobnější prověření potřeb Vaší firmy. Jsem k zastižení na výše uvedeném telefonním čísle.

Velice rád bych s Vámi o této pozici hovořil a těším se, že o Vás brzy uslyším. Jsem k zastižení na (001 234 567). Zanechte prosím vzkaz, pokud bych nemohl Vaše zavolání přijmout osobně.

PRŮVODNÍ DOPIS

Cover letter je jedním ze základních nástrojů Vašeho hledání práce. Jedná se o průvodní dopis, jehož hlavním cílem je vzbudit zájem potencionálního zaměstnavatele o Vaši osobu. Výsledkem dobře napsaného průvodního dopisu, který obvykle doprovází taktéž dobře sestavený životopis je pozvání na pohovor. Mějte na paměti, že průvodní dopis spolu s životopisem jsou Vašimi prvními „velvyslanci", kteří mohou rozhodujícím způsobem ovlivnit rozhodování možného budoucího zaměstnavatele.

Zde je několik tipů, jak napsat účinnou žádost o místo:

1. V dopisu vyjádřete zájem o inzerované pracovní místo a vysvětlete proč zrovna Vy jste ta pravá osoba. (zkušenosti, znalosti, dosažené vzdělání, absolvované kurzy...)

2. „Ušijte" dopis na míru inzerovanému místu a firmě. Zjistěte si z dostupných zdrojů (noviny, internet, televize) co nejvíce informací o dané firmě.

3. Zmiňte se v dopisu o tom, kde jste se dozvěděli o inzerovaném pracovním místě.

4. Pište pravdu, nic v dopisu nepřikrašlujte. V případě, že můžete do práce nastoupit k určitému datu, můžete tuto okolnost zmínit.

5. Ověřte si, zda jste správně uvedli v oslovení jméno a titul toho, komu je dopis adresován.

6. Uveďte kontaktní místa, kde je možné Vás zastihnout.

7. Poděkování na závěr dopisu je slušností.

8. Délku dopisu omezte pokud možno na jednu stránku.

9. Nechte dopis přečíst dobrým přátelům a zeptejte se na jejich názor.

10. V případě, že si nejste jisti některými gramatickými jevy, požádejte učitele o kontrolu dopisu (i životopisu).

Průvodní dopis:

Jana Nováková
Dlouhá 15
397 01 Písek
tel: 0606 111 111
e-mail: jana.novak@hallo.com

Dr. John Blackmore
Manager of Human Resources
Business Investments Inc.
1045 Grand Forks
North Dakota, ND 123 676

June 18, 2006

Dear Dr. Blackmore,

I am applying for the position of merchandise analyst, which was advertised May 5 with the career services center at the University of Economics Prague. The position seems to fit very well with my education, experience, and career interests.

According to the advertisement, your position requires excellent communication skills, computer literacy and a B.S. degree in business, economics, or finance. I will be graduating from the University of Economics Prague this month with a B.S. degree in finance. My studies have included courses in computer science, speech communications and business writing. I understand the position also requires a candidate who works well under pressure and is able to deal with people in departments throughout the firm.

The enclosed Curriculum Vitae elaborates on the details of my skills and experience.

I'd appreciate the chance to meet with you to discuss how I could be a vital part of your operation. You may reach me at the above telephone number or e-mail address.

Thank you for your consideration.

Sincerely,

I am applying for – ucházím se o ● fit very well – velice dobře odpovídá ● according to ... – podle... ● communication skills – komunikační schopnosti ● the position also requires – místo také vyžaduje ● work under pressure – pracovat pod tlakem ● deal with –jednat s ● elaborates on the details – popisuje podrobnosti ● I'd appreciate the chance – ocenila bych možnost ● be a vital part – být důležitou součástí ●

ŽIVOTOPIS

Životopis (**Curriculum Vitae, résumé v USA**) podrobněji popisuje Vaši osobu a spolu s průvodním dopisem vytváří první dojem, který si o Vás zaměstnavatel udělá. Dobře napsaný životopis Vám práci samozřejmě nezaručí, ale špatně napsaný Vám určitě přibouchne dveře hned na začátku. Na základě posouzení údajů z životopisu padne konečné rozhodnutí, zda budete pozváni na pohovor či nikoliv.

Životopis obsahuje:

1. Údaje o Vaší osobě.
2. Trvalou adresu včetně kontaktů na Vás.
3. Dosažené vzdělání (od současnosti zpět).
4. Průběh zaměstnání (od současnosti zpět).
5. Jazykové znalosti a ostatní dovednosti.
6. Jiné (ochota cestovat, řidičský průkaz, možnost nástupu do práce...).
7. Reference - uvádějte pouze se souhlasem uváděného popř. uveďte „**References furnished upon request**" - reference dodány na požádání.
8. Koníčky a zájmy.
9. V poznámkách možno uvést věci, které přímo do životopisu nepatří, ale mohou ovlivnit Vaši práci (např. práce v nekuřáckém prostředí).

Co do životopisu neuvádět:

1. Nezkreslujte své vzdělání a zkušenosti.
2. Neuvádějte důvody pro změnu pracovního místa (jistě na to přijde řeč při pohovoru).
3. Neuvádějte osobní údaje jako např. výšku, váhu, rasu, náboženství...

4. Není nutné uvádět přesná data - roky popř. měsíce postačí.
5. Pokud Váš současný zaměstnavatel neví o Vašem záměru změnit pracovní místo, neuvádějte do životopisu jeho telefon nebo e-mail.
6. Neuvádějte výši dosavadního platu ani Vaše představy. Při pohovoru jistě padne otázka týkající se peněz.

CURRICULUM VITAE

Personal data (osobní údaje):

Family Name:	Nováková
First Name:	Jana
Date of Birth:	29. 09. 1983
Place of Birth:	Písek
Nationality:	Czech
Sex:	Female
Marital Status:	Single

Permanent address (trvalá adresa):

Address:	Dlouhá 15, 397 01 Písek
Country:	Czech Republic
Phone Number:	0606 111 111
e-mail:	jana.novak@hallo.com

Educational background (dosažené vzdělání):

University Name:	University of Economics Prague
Address:	nám. W. Churchilla 4, Praha 3
Expected on:	June 2006
Degree:	B.S. Finance Marketing

Employment history (průběh zaměstnání):

Name:	Bond&Partners
Address:	Krátká 12, 135 00 Praha 3
From:	2004
To:	2006
Position:	Part Time Accountant
Reason for Leaving:	To finish my studies

Languages (jazykové znalosti):
1 - English **Spoken:** Very Good **Written**: Very Good **Read**: Very Good
2 - German **Spoken**: Very Good **Written**: Very Good **Read**: Very Good
3 - Arabic **Spoken**: Very Good **Written**: Good **Read**: Good

Additional skills (ostatní dovednosti):
Photography, Computer Skills (Lotus, Excell, Word, Internet Services), Communication Skills

Other (jiné):

Willingness to Travel:	Yes
Availability for Employment:	August 2006
Licences Available:	Driving Licence

References (reference):

Name:	Ing. Jiří XYZ	Dr. Jan ABC
Occupation:	Computer Constructor	Associate Professor
Address:	University of Economics	University of Economics
Telephone:	00420 2 123 321	00420 2 234 432

Activities and hobbies (zájmy a koníčky):
Ecology, Tennis, Swimming, Pétanque - member of the National Czech Team 2005

Remarks (poznámky):
Nonsmoker

PŘIJÍMACÍ POHOVOR - INTERVIEW

Příprava na pohovor:

1. Ujistěte se zda víte, který den, v kolik hodin a kde se pohovor koná, jak se jmenuje vedoucí pohovoru.

2. Pokuste se získat co nejvíce informací o firmě prostřednictvím tisku, rozhlasu, televize, internetu, známých...

3. Procvičte si se svými známými nebo příbuznými otázky a odpovědi, které u pohovoru očekáváte.

4. Včas si večer připravte šaty včetně spodního prádla. Snažte se vypadat elegantně, ne však vyzývavě, nepoužívejte silné parfémy, neplýtvejte šperky.

5. Prověřte si jak se na místo pohovoru v klidu dostanete. Dostavte se na místo cca. 10 minut před zahájením, abyste si stačili urovnat myšlenky a chytit dech.

6. Neberte s sebou více zavazadel než je nutné. Soustřeďte se především na pohovor.

7. Pokud máte s sebou přinést doklady o vzdělání či reference, připravte si je večer předem.

8. Při příchodu se ohlaste recepční nebo sekretářce, aby věděla, že jste již dorazili a dojděte se na toaletu upravit ...

Jak se chovat u pohovoru:

1. Čekejte, dokud Vám není nabídnuta židle. Seďte klidně, obě nohy na podlaze, lehce se nakloňte k vedoucímu pohovoru.

2. Nehrajte si s rukama či s vlasy. Ruce z kapes!

3. Nevytvářejte mezi Vámi a vedoucím pohovoru bariéry např. taškou na klíně, překříženýma rukama na prsou nebo překříženýma nohama.

4. Dívejte se vedoucímu pohovoru do očí, ale nehypnotizujte ho. Je-li v místnosti více lidí, dívejte se na toho kdo mluví.

5. Pokud mluvíte, klouzejte pohledem z jednoho přítomného na druhého.

6. Nepoužívejte přespříliš ke zdůraznění svých slov gestikulaci.

7. Nepomlouvejte svého současného nebo předchozího zaměstnavatele.

8. Jste-li dotázáni na platové představy, sdělte rozumnou částku, ale zdůrazněte, že Vám jde především o možnost získat nabízenou práci.

9. Mluvte jasným a pevným hlasem, nehuhlejte.

10. Ale především buďte přirození.

Závěr pohovoru:

1. Buďte aktivní. Projevte znovu svůj zájem o nabízené místo tím, že se budete zajímat o další postup.

2. Pokud získáte dojem, že pohovor neprobíhá dobře, nedejte tuto skutečnost na sobě znát. Buďte klidní, milí a profesionální. Možná, že Vám bude ve firmě nabídnuta jiná práce, která lépe odpovídá Vašemu naturelu.

3. Každý pohovor a setkání s novými lidmi je zdrojem nových zkušeností, i když zrovna požadovanou práci nezískáte.

OTÁZKY VYSKYTUJÍCÍ SE U POHOVORU

Why did you choose this profession?

Proč jste si vybrala toto zaměstnání ?

Why are you interested in the position?

Proč máte zájem o to místo?

What aspect of the job announcement interested you the most?

Která stránka z inzerátu o pracovním místě Vás nejvíce zaujala?

What can you contribute to our company?

Čím můžete přispět naší firmě?

What do you know about our company?

Co víte o naší firmě?

Why do you want this job and how does it fit you?	Proč chcete tuto práci a jak Vám vyhovuje?
In comparision to your current position, what do you think will be different in your new position?	Co si myslíte, že bude odlišné ve Vaší nové práci ve srovnání s Vaší současnou prací?
Why should we give you a chance to perform in this job?	Proč bychom Vám měli dát šanci vykonávat tuto práci?
What challenges do you think that you will face in moving from your current position to this position?	Jaké myslíte, že před Vámi budou úkoly při přechodu z Vašeho současného místa na toto místo?
Knowing our organization and the position that you are interviewing for, where can you make the greatest contribution?	Když znáte naši organizaci a místo, kvůli kterému jste na pohovoru, kde můžete Vy nejvíce přispět?
What salary are you seeking?	Jaký plat hledáte?
Why should we pay you the salary that you are seeking?	Proč bychom Vám měli vyplácet takový plat jaký hledáte?
What is the most attractive aspect of the job you are interviewing for?	Jaká je nejpřitažlivější stránka práce, kvůli které jste na pohovoru?
In order to successfully meet the responsibilities of this position, which of your personal qualities will be of the greatest benefit?	Abyste úspěšně plnila povinnosti v této práci, která z Vašich osobních vlastností bude nejprospěšnější?
What aspect of our organization has the greatest appeal for you?	Která stránka naší organizace se Vám nejvíce líbí?
How will the job you are interviewing for, fit into your career plans?	Jak bude práce, kvůli které jste na pohovoru, zapadat do Vašich profesních plánů?
What do you think your responsibilities will be if you're hired?	Jaké si myslíte, že budou Vaše povinnosti, když budete přijata?

Our company is more widely recognized than the current company that you are working for, why do you think that is?

Naše společnost je uznávanější než společnost pro niž v současnosti pracujete, proč si myslíte, že tomu tak je?

Why should we hire you instead of the other candidates?

Proč bychom Vás měli přijmout místo ostatních kandidátů?

How has your education prepared you for this position?

Jak Vás připravilo Vaše vzdělání na tuto pozici?

III. KAPITOLA

TELEFONICKÉ JEDNÁNÍ

Telefonické dohodnutí schůzky:

Could I speak to Mr Lee, please?	Mohu hovořit s panem Lee, prosím?
Good morning, Mr Lee. This is Frank Jones from …	Dobrý den pane Lee, tady je Frank Jones z …
Can I speak to the secretary of Mr Lee?	Mohu hovořit se sekretářkou pana Lee?
When is the best time to reach Mr Lee in his office?	Kdy je nejlepší zastihnout pana Lee v jeho kanceláři?
Could you ask Mr Lee to call me back. My name is …	Mohla byste požádat pana Lee, aby mne zavolal. Jmenuji se …
Who is responsible for … in your firm, please?	Kdo je ve Vaší firmě zodpovědný za …
Could I speak to someone in the Purchasing Department?	Mohl bych hovořit s někým v nákupním oddělení?
Can we make an appointment?	Můžeme si domluvit schůzku?
When could I come to see you?	Kdy bych Vás mohl navštívit?
I'll be at your place on Monday, the sixteenth of May.	Přijdu k Vám v pondělí, 16. května.
Could we postpone the meeting to another date?	Mohli bychom přesunout schůzku na jindy?

Příchod na jednání a ohlášení v recepci:

Good morning, I have an appointment with Mr Lee.	Dobrý den, mám schůzku s panem Lee.
My name is … would you tell Mr … I am here, please?	Jmenuji se …, řekla byste panu …, že jsem zde?
I am from …, may I speak to Miss …?	Jsem z …, mohu mluvit se slečnou …?

It's a beautiful day.	Je pěkný den.
Nice day today, isn't it?	Dnes je pěkný den, že ano?
I think it's going to rain.	Myslím, že bude pršet.
It's awfully cold (windy) this morning, isn't it?	Je hrozná zima (větrno) dnes ráno, že ano?
Is the weather the same in your country?	Je ve Vaší zemi to samé počasí?
We are having nice weather these days.	V těchto dnech máme hezké počasí.
I am pleased to be here after a trip like that!	Jsem rád, že jsem zde po takové cestě.
Is this your first visit? How do you like the city?	Je to Vaše první návštěva? Jak se Vám líbí město?
I hope you have found us without too much difficulty.	Doufám, že jste nás našel bez velkých obtíží.
Did you have a good trip?	Měl jste dobrou cestu?
Would you like a cup of coffee.	Dáte si šálek kávy?
Have you been to Prague before?	Už jste byl v Praze?
When do you plan to return home?	Kdy plánujete návrat domů?

PŘIVÍTÁNÍ

Hello, welcome to our company.	Dobrý den, vítáme Vás v naší firmě.
I am pleased to be able to welcome you to our company.	Jsem potěšen, že Vás mohu přivítat v naší firmě.
Good morning ladies and gentlemen.	Dobrý den dámy a pánové.
It's nice (lovely) to see you again.	Je hezké Vás zase vidět.
It's a great pleasure to have you here.	Je velké potěšení, že jste zde.

V cizí firmě:

I am delighted to be here.	Jsem potěšen, že jsem zde.
It's nice to be here.	Je hezké zde být.
It's great to be back here.	Je krásné, že jsem opět zde.
Thank you for inviting me here.	Děkuji, že jste mne k Vám pozvali.

PŘEDSTAVOVÁNÍ

Představení sebe:

Could I introduce myself? My name is Peter Black.	Mohu se představit? Jmenuji se Peter Black.
Allow me to introduce myself. My name is George West.	Dovolte, abych se představil. Jmenuji se George West.
I don't think we have met. I am …	Myslím, že jsme se ještě nesetkali. Jmenuji se …

Představení jedné osoby druhé:

Mr Smith, can I introduce you to David Black? David, this is Mr John Smith.	Pane Smith mohu Vás představit Davidu Blackovi? Davide, to je pan John Smith.
I'd like you to meet Mr Brown.	Rád bych Vám představil pana Browna.
May I introduce Mr Brown? This is Mr Black.	Mohu představit pana Browna? To je pan Black.
Have you met my colleague Mr Adams? I've not had the pleasure.	Už jste se setkal s mým kolegou, panem Adamsem? Ještě jsem neměl to potěšení.

Představení více osob najednou:

Does everyone know each other?	Známe se navzájem?
Perhaps we could just introduce ourselves?	Možná bychom se mohli navzájem představit.

Nevíme-li, zda se dotyčné osoby navzájem znají:

John, I think you have
met George.

Johne, myslím, že jsi se
s Georgem již setkal.

John, have you met George?

Johne už jsi se setkal
s Georgem?

I think you two have already met.
Peter Black – George Green.

Myslím, že vy dva jste se již
setkali. Peter Black – George
Green.

Známe-li osobu pouze od vidění:

You must be Mr Peterson.
I am John Newton.

Vy jste jistě pan Peterson.
Já jsem John Newton.

Excuse me, are you Mr Snack?
My name is …

Promiňte, jste pan Snack?
Já se jmenuji …

Have I the pleasure of
speaking to Mr Spoonland?

Mám to potěšení mluvit
s panem Spoonlandem?

Jak odpovíme představované osobě:

Pleased to meet you,
Mr Green.

Je mi potěšením, že, Vás
potkávám pane Greene.

Nice to see you, David.
How are you?

Jsem rád, že tě vidím, Davide.
Jak se máš? (neformální)

*) How do you do?

Jak se máte?

It's nice to meet you in person.

Je milé se s Vámi setkat
osobně.

I am pleased to make your
acquaintance.

Je mi potěšením, že Vás
poznávám.

*) Jako odpověď na „How do you do?" se používá ta samá fráze)

ROZLOUČENÍ

Goodbye and thank you
once again.

Nashledanou a ještě
jednou děkuji.

Goodbye, it was nice
meeting you.

Nashledanou, bylo potěšením
se s Vámi setkat.

Have a nice journey.

Šťastnou cestu.

I hope you have a safe trip.

Přeji Vám příjemnou cestu.

Goodbye, see you again soon,
I hope.

Nashledanou, doufám, že se
zase brzy uvidíme.

Remember me to your family.

Pozdravujte ode mne doma.

It was so nice to see
you again.

Bylo velmi hezké,
že jsme se zase viděli.

Give my best regards to
everyone in your company.

Pozdravujte ode mne
ve Vaší firmě.

IV. KAPITOLA

TRADE, DEAL   OBCHOD

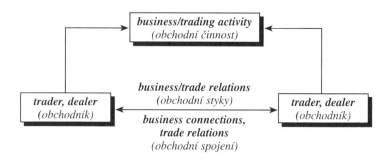

Rozšiřte si slovní zásobu:

conduct, close, conclude, transact business – uzavírat obchod ● resign, retire from business – vzdát se obchodu ● business is declining – obchody jdou špatně, váznou ● effect, realize business – uskutečnit obchod ● do business with sb – obchodovat s kým ● withdraw from business – odstoupit od obchodu ● be away on business – být na služební cestě ● do a good / bad business – dělat dobré / špatné obchody ● have good business relations – mít dobré obchodní styky ● move a business – přestěhovat firmu ● be a good businessman / businesswoman – být dobrým obchodníkem / obchodnicí ● businesspeople – obchodníci ● work in business – pracovat v obchodu ● set up in business – zřídit si firmu ● conclusion of business – uzavření obchodu ● drop off in business – váznutí obchodu ● business is good, brisk, booming, flourishing – dobře se prodává ● business is bad, slack, quiet – špatně se prodává ● business appointment – obchodní schůzka ● business custom – obchodní zvyklost ● business profit – obchodní zisk ● trade secret – obchodní tajemství ● business park – obchodní (průmyslová) zóna ● business risk – obchodní riziko ● trade name – obchodní název ● trade register – obchodní rejstřík ● foreign trade – zahraniční obchod ● trade agreement – obchodní dohoda ● trade balance – obchodní bilance ● trade dispute – obchodní spor ● trading terms, terms of trade – obchodní podmínky ● trade invoice – obchodní faktura ● trade licence – živnostenské oprávnění ● trade negotiations – obchodní jednání ● wholesale trade – velkoobchod ● trade barriers – obchodní překážky ●

OBCHODNÍ JEDNÁNÍ

Zahájení jednání:

Let's get down to business.
(Let's get started.)

Dejme se do práce.

The reason I am here is …

Důvod proč jsem tady je …

There are so many points
to discuss.

Máme na programu mnoho
bodů k diskusi.

Shall we get straight down
to business?

Dáme se přímo
do práce?

Perhaps we could make a start?

Možná bychom mohli začít?

Ladies and gentlemen, are we
ready to begin?

Dámy a pánové, jsme
připraveni začít?

Now let's go over to the agenda.

Nyní přejděme k pořadu jednání.

I think we could talk about the
subject of our meeting.

Myslím, že bychom mohli
hovořit o tématu naší schůzky.

If everybody is ready, perhaps
we could make a start?

Pokud jsou všichni připraveni,
možná bychom mohli začít?

Before we turn to the first
point on the agenda
I'd like to …

Dříve než se budeme zabývat
prvním bodem programu,
chtěl bych …

Seznámení přítomných s tématem jednání:

We are meeting today to …

Scházíme se dnes zde,
abychom …

We are here today to …

Jsme dnes zde, abychom …

We are here to talk about …

Jsme zde, abychom hovořili
o …

The reason we are here is to …

Důvod proč jsme zde je …

Today we shall be looking at …

Dnes se podíváme na …

Today we shall be dealing with …

Dnes se budeme zabývat …

Today we intend to look at …

Dnes máme v úmyslu podívat
se na …

The purpose of today's meeting is …	Důvodem dnešního setkání je …
I'd like us to reach a decision today.	Rád bych, abychom dnes dospěli k rozhodnutí.
I'd like to begin the meeting by saying …	Rád bych začal setkání tím, že řeknu …
I'd like to run through our marketing plan for the coming year.	Chtěl bych projít náš marketingový plán na příští rok.
Let's take the first item on the agenda …	Začněme prvním bodem jednání …
The first item on the agenda is ...	Prvním bodem programu je …
I shall first read the agenda …	Nejdříve přečtu program jednání …
The agenda is now available in printed form.	Vytištěný program je nyní k dispozici.

Časové omezení schůze:

I'd like to keep today's meeting to an hour.	Rád bych omezil dnešní jednání na hodinu.
We need to finish the meeting by five o'clock.	Potřebujeme ukončit jednání do 5 hodin.
I'd like to complete the agenda at two o'clock.	Rád bych uzavřel jednání ve dvě hodiny.
We should try to get through this point before lunch.	Měli bychom se pokusit projednat tento bod před obědem.
The morning session will end at twelve o'clock.	Ranní zasedání skončí ve dvanáct hodin.

Výzva ke sdělení mínění ostatních:

Could I ask you for your views on this matter?	Mohu Vás požádat o Vaše názory k této věci?
Would you like to start, Peter?	Chtěl bys začít, Petře?
What do you think, Max?	Co si myslíš ty, Maxi?

Would you please express your view on that?	Vyjádřil byste k tomu prosím svůj názor?
Are there any comments on this problem?	Jsou nějaké připomínky k tomuto problému?
Could I ask for your comments, Priscilla?	Mohu požádat o tvoje připomínky, Priscillo?
Could I turn first to Mr Brown?	Mohl bych se obrátit nejprve k panu Brownovi?
So, let's go first to Peter.	Takže pojďme nejprve k Petrovi.
I'd like to give the floor to Mr Green.	Rád bych předal slovo panu Greenovi.
Mary, what's your opinion?	Mary, jaký je tvůj názor?
Would you like to comment, Paul?	Chtěl by ses vyjádřit, Paule?
John, I'd like to have your point of view on this.	Johne, rád bych měl k tomu tvé stanovisko.

PRŮBĚH, PŘERUŠENÍ A SHRNUTÍ JEDNÁNÍ

Vyjádření vlastního mínění v neutrálním tónu:

I want to say here that …	Chci zde nyní říci, že …
I think I ought to say right from the start that …	Myslím, že bych měl hned od začátku říci, že …
I feel I should point out to you …	Myslím, že bych Vás měl upozornit …
If you would allow me to give you a brief outline of my position on this matter …	Pokud byste mi dovolili abych Vám podal stručný přehled mého stanoviska. k této záležitosti …
I rather think that …	Spíše si myslím, že …
I'd like to say that …	Rád bych řekl, že …
I'd like to remark …	Chtěl bych poznamenat …
Could I just say something?	Mohl bych jenom něco říci?

May I bring up the question of …?	Mohu přednést problém o …?
I tend to think …	Spíše si myslím …
Personally, I think …	Osobně si myslím …
My own feeling is …	Můj vlastní pocit je …
If I understood correctly, …	Pokud jsem správně rozuměl, …
If I am not mistaken …	Pokud se nemýlím …
As far as I am informed, this problem …	Pokud jsem informován, tento problém …
If you ask me …	Když se mne zeptáte …
In my opinion …	Podle mého názoru …
I should like to express …	Rád bych vyjádřil …
As I see it …	Jak to vidím já …
My point of view is that …	Moje hledisko je, že …
It might be a good idea to …	Bylo by dobré …
I consider …	Považuji …

Vyjádření vlastního mínění v důraznějším tónu:

I definitely think …	Definitivně si myslím …
I really do think …	Já si skutečně myslím …
I am absolutely convinced that …	Jsem absolutně přesvědčen, že …
I am completely sure that …	Jsem zcela přesvědčen, že …
There is no doubt that …	Tady není pochybnost, že …

Zdůraznění některého bodu jednání v neutrálním tónu:

I think I should mention here …	Myslím, že bych zde měl zmínit …
I'd like to make one thing clear from the outset.	Rád bych vyjasnil od samého začátku jednu věc.
Now, we come to the item number five on the agenda.	Nyní přistoupíme k bodu číslo pět podle programu.

Allow me to draw your attention to a few more points relating to …	Dovolte mi upozornit Vás na několik dalších bodů týkajících se …
I would like to say here that …	Rád bych zde řekl, že …
I'd like to broach yet another question …	Rád bych ještě nadhodil jednu otázku …
The main problem is …	Hlavní problém je …
That's an important point.	To je důležitý bod.
By the way …	Mimochodem …

Důraznější zvýraznění některého bodu:

I must tell you that …	Musím Vám říci, že …
I think I should be frank and say that …	Myslím, že bych měl být upřímný a říci, že …
You must realize that …	Musíte si uvědomit, že …
You should know that …	Měli byste vědět, že …
You should always remember that …	Vždy byste měli pamatovat, že …
We must bear in mind the fact that …	Musíme mít na paměti skutečnost, že …
What I am trying to say is that …	Co se snažím říci je to, že …
The crux of the matter is …	Jádrem věci je …
The point I am trying to explain is …	Bod, který se snažím vysvětlit je …
I must emphasize that …	Musím zdůraznit, že …
I want to underline the fact that …	Chci podtrhnout skutečnost, že …
There's no doubt that …	Není pochyb o tom, že …
I am convinced that …	Jsem přesvědčen, že …
I don't want to leave anyone in any doubt about the fact that …	Nechci nechat nikoho na pochybách o skutečnosti, že …
Everyone should know by now that …	Každý by měl nyní vědět, že …

I recommend that this point should be considered more closely.

Doporučuji, aby tento bod byl projednán podrobněji.

This is the most important point and should be given a high priority.

Toto je nejdůležitější bod a měli bychom mu věnovat prvořadou pozornost.

In my opinion we should analyse this problem more thoroughly.

Podle mého názoru bychom měli analyzovat tento problém podrobněji.

We have to weight all the options before we accept this point.

Musíme uvážit všechny možnosti, než přijmeme tento bod.

Odbočení od projednávaného bodu:

Let me digress for a moment …

Dovolte mi, abych na chvíli odbočil …

It might be worth mentioning …

Možná by stálo za to zmínit …

It might be worthwhile to spend a little time looking at …

Možná by bylo užitečné strávit chvíli tím, že se podíváme na …

I know it isn't strictly what we are here to discuss, but I think that …

Vím, že to není přesně to co zde máme prodiskutovat, ale myslím si, že …

Could I just digress for a moment?

Mohl bych na chvíli odbočit?

Could I change the subject for a moment?

Mohl bych na chvíli změnit téma?

Návrat k původnímu projednávanému tématu:

Could we get back to the subject under discussion?

Mohli bychom se navrátit k diskutovanému tématu?

I think we have strayed a little from our main point.

Myslím si, že jsme trochu odbočili od našeho hlavního bodu.

I think we are moving away from the main problem.

Myslím, že se vzdalujeme od hlavního problému.

Let's get back to my original subject.

Vraťme se zpět k mému původnímu tématu.

Let's keep to the immediate subject, which is …	Držme se bezprostředního tématu, kterým je …

Upozornění na předchozí projednávaný bod:

I'd like to return to a previous point.	Rád bych se vrátil k předchozímu bodu.
We have already discussed this point earlier.	Tento bod jsme již projednávali dříve.
Let's go over it again.	Projděme si ho ještě jednou.
I'd like to say something about a point Mr Smith mentioned earlier.	Rád bych řekl něco o bodu, který zmínil dříve pan Smith.
I'd like to return to the point made a few minutes earlier.	Rád bych se vrátil k bodu zmíněnému před několika minutami.
I think we should look closer at a point that we only touched on earlier.	Myslím, že bychom se měli blíže podívat na jeden bod, kterého jsme se dříve pouze dotkli.
Maybe it would be worth looking at something we only discussed briefly earlier on?	Možná by stálo za to podívat se na něco co jsme dříve pouze stručně prodiskutovali.

Předkládání návrhů během jednání:

I think we should …	Myslím, že bychom měli …
I think it would be possible if we …	Myslím, že by bylo možné, kdybychom …
I would like to add this point to the agenda …	Rád bych zařadil tento bod k pořadu jednání …
I would propose that we include this point in the agenda.	Navrhoval bych, abychom zahrnuli tento bod do programu jednání.
In this regard I would like to remark that …,	K tomu bych chtěl poznamenat, že …
Maybe it would be good to …	Možná by bylo dobré …
I think we could exclude this point for now and …	Myslím, že bychom mohli prozatím vypustit tento bod a …

What would you think if we …?	Co byste myslel, kdybychom …?
What do you think of …?	Co si myslíte o …?
Wouldn't it be possible …?	Nebylo by možné …?
How about …? What about ...?	A co takhle …?

Jemná forma předkládání návrhů:

Perhaps we could look into the possibility of …?	Možná bychom se mohli podívat na možnost …?
It might be worth thinking about …	Možná by stálo za to uvažovat o …
Is there any chance that we could think about …?	Je zde nějaká šance, že bychom mohli uvažovat o …?

Přerušení jednání:

Sorry to interrupt, but …	Promiňte, že přerušuji, ale …
Sorry to butt in, but …	Promiňte, že přerušuji, ale …
Excuse my interrupting you.	Promiňte, že Vás přerušuji.
Sorry, could I just interrupt a moment?	Promiňte, mohl bych jen na chvíli přerušit?
Sorry, could I just say something here?	Promiňte, mohl bych zde něco říci?
Do you mind if I interrupt?	Nevadí Vám, když Vás přeruším?
Could I just correct one small detail?	Mohl bych opravit jeden malý detail?
Sorry may I raise a query?	Promiňte mohl bych vznést dotaz?
Could I say a word about that last point?	Mohl bych něco říci o tomto posledním bodu?
May I add something to that?	Smím k tomu něco dodat?
Could I just have a word on that proposal?	Mohu k tomu návrhu jenom něco říci?

I'd like to add something to what has just been said …	Rád bych něco dodal k tomu co bylo právě řečeno …
Sorry to interrupt you, Robert, but I'd like to know if the others agree.	Promiň, že tě přerušuji, Roberte, ale chtěl bych vědět, jestli ostatní souhlasí.

Vyjádření souhlasu s přerušením Vašeho vystoupení:

Yes, of course.	Ano, samozřejmě.
Certainly.	Samozřejmě.

Vyjádření nesouhlasu s přerušením Vašeho vystoupení:

Sorry, could you just let me finish?	Promiňte, můžete mne jenom nechat dokončit?
Sorry, just a minute.	Promiňte, jenom minutku.
Sorry, could I finish my point?	Promiňte, mohu dokončit svůj bod?
Sorry, I just want to explain it.	Promiňte, právě to chci vysvětlit.
One moment, please.	Okamžik, prosím.

Vyjádření souhlasu s názorem toho kdo Vás přerušil:

Yes, that's all right	Ano, to je v pořádku.
I find your remark very good	Považuji Vaši poznámku za velmi dobrou.
O. K. that would be a good idea.	O. K. to by byl dobrý nápad.
Right, I agree.	Pravda, souhlasím.
That's true.	To je pravda.
All right, I'll go along with that.	V pořádku s tím souhlasím.
Oh, that's great!	To je skvělé!
I think it's a great idea and I am in favour of it.	Myslím, že je to dobrá myšlenka a já jsem pro.
I absolutely agree.	Zcela souhlasím.
I quite agree with you.	Naprosto s Vámi souhlasím.

That's an interesting idea, Mr Newman, thank you.	To je zajímavá myšlenka, pane Newmane, děkuji.
That would be marvellous.	To by bylo skvělé.
Thank you very much for your helpful suggestion.	Děkuji Vám za vaši užitečnou připomínku.
I am in agreement with this formulation.	Souhlasím s touto formulací.
I am in complete agreement with you.	Plně s Vámi souhlasím.
I support your argument.	Poporuji Váš argument.
Yes, I simply must agree with you.	Ano, prostě s Vámi musím souhlasit.
I am of the same opinion.	Jsem toho samého názoru.
I share your view.	Sdílím Váš názor.
That sounds good.	To rád slyším (s tím souhlasím).
Your reasoning seems to me to be logical and convincing.	Vaše zdůvodnění se mi zdá logické a přesvědčivé.

Vyjádření souhlasu s lehkou pochybností:

I suppose you could be right, but …	Myslím, že byste mohl mít pravdu, ale …
I agree with you to a certain extent, but …	Do určité míry s Vámi souhlasím, ale …
I appreciate what you have said, but …	Oceňuji co jste řekl, ale …
I can see your point, but …	Rozumím oč Vám jde, ale …
It seems quite possible, but …	Zdá se, že je to docela možné, ale …
In principle I agree with you, but …	V podstatě s Vámi souhlasím, ale …
I can agree with you only with reservations, because …	Mohu s Vámi souhlasit pouze s výhradami, protože …
I can agree with this statement only with reservations, because …	Mohu souhlasit s tímto tvrzením pouze s výhradami, protože …

I would agree with you if …	Souhlasil bych s Vámi, jestliže …
I would agree with you but in my experience …	Souhlasil bych s Vámi, ale podle mých zkušeností …
You are quite right, but on the other hand …	Máte vcelku pravdu, ale na druhou stranu …
I agree with you, but I am not too sure how …	Souhlasím s Vámi, ale nejsem si příliš jist jak …
True, but very likely …	Pravda, ale s největší pravděpodobností …

Vyjádření pochybnosti s tvrzením toho, kdo Vás přerušil:

I am sorry, but I find that difficult to believe.	Je mi líto, ale zdá se mi těžké tomu věřit.
I can't accept what you are saying.	Nemohu souhlasit s tím co říkáte.
I need some proof before I can accept that.	Potřebuji nějaký důkaz dříve než s tím mohu souhlasit.
Is there any proof that …?	Existuje nějaký důkaz, že …?
It's very hard to believe that …	Je velmi těžké věřit, že …
I am not convinced that you are right.	Nejsem přesvědčen, že máte pravdu.
Do you really expect me to believe that …?	Skutečně očekáváte, že budu věřit, že …?
Do you have anything to support your statement?	Máte něco co podpoří Vaše prohlášení?
I am not really convinced that this is an acceptable solution.	Nejsem zcela přesvědčen, že to je přijatelné řešení.
I have the greatest doubts because …	Mám velmi vážné pochybnosti, protože …
I don't think so that …	Nedomnívám se, že …
But I am personally convinced that …	Ale já jsem osobně přesvědčen, že …
Did you take into consideration the fact that …?	Vzal jste v úvahu skutečnost, že …?

| I don't believe it! | Nevěřím tomu (silné) |
| Do you really mean that seriously? | Míníte to skutečně vážně? (silné) |

Vyjádření nesouhlasu s tím, kdo Vás přerušil:

Sorry, I can't go along with that.	Je mi líto, ale s tím nemohu souhlasit.
I am of a different opinion, because …	Jsem jiného názoru, protože …
I am not of that opinion for the reasons that …	Nejsem tohoto názoru, a to z důvodů, že …
Sorry, that's not possible.	Je mi líto, ale to není možné.
I can't share your view because …	Nemohu souhlasit s Vaším názorem, protože …
Sorry, I can't agree with that.	Je mi líto, ale s tím nemohu souhlasit.
I beg to differ.	Dovolím si nesouhlasit.
I think, that's not a good idea.	Myslím, že to není dobrý nápad.
Well, I don't think that would be wise.	No, já si nemyslím, že by to bylo moudré.
I am sorry, I have to disagree.	Je mi líto že musím nesouhlasit.
I am sorry but I can't go along with you.	Je mi líto, ale nemohu s Vámi souhlasit.
I am afraid you are mistaken …	Obávám se, že se mýlíte …
I must object to you that …	Musím Vám namítnout, že …
I cannot agree with your idea, although it seems very attractive at first sight.	Nemohu souhlasit s Vaší myšlenkou, ačkoliv vypadá na první pohled velmi lákavě.
Please keep to the time table.	Prosím dodržujte časový program.

Silnější vyjádření nesouhlasu s tím, kdo Vás přerušil:

| I can't agree at all. | Vůbec nemohu souhlasit. |

I disagree entirely with you on this point.	V tomto bodě s Vámi zcela nesouhlasím.
Under no circumstances could I agree to that.	S tím bych nemohl za žádných okolností souhlasit.
I see no real reason for supporting this proposal.	Nevidím žádný skutečný důvod pro podporu tohoto návrhu.
I am totally opposed to your proposal.	Naprosto nesouhlasím s Vaším návrhem.
I must categorically reject such suggestions.	Takové návrhy musím kategoricky odmítnout.
Such suggestion doesn't convince me.	Takové návrhy mne nepřesvědčí.
No, I am absolutely certain, that …	Ne, já jsem si zcela jist, že …
I am sorry, but it's quite out of the question.	Je mi líto, ale to je zcela vyloučeno.
I am definitely against …	Jsem rozhodně proti …
Mary, do you think it's really essential?	Mary, myslíš, že je to skutečně podstatné?

Vyjádření nesouhlasu s tím, kdo Vás přerušil z důvodu nedodržení tématu:

Sorry, but I think that's a bit off the subject.	Promiňte, ale já si myslím, že je to poněkud mimo téma.
I think, there is no time to go into that.	Myslím, že není čas to řešit.
I really can't see what that's got to do with what we are talking about.	Skutečně nevidím co to má společného s tím, o čem hovoříme.
I am sorry, but I think that's totally irrelevant.	Promiňte, ale já si myslím, že to je zcela irelevantní.
I can't really see the significance of that remark.	Skutečně nevidím význam té připomínky.
I don't think we are talking about the same problem.	Nemyslím si, že hovoříme o stejném problému.

This isn't really relevant to
the discussion, let's go back
to the main point ...

Toto opravdu s diskusí
nesouvisí, vraťme se zpět
k hlavnímu bodu ...

Odsunutí odpovědi na položenou otázku na později:

I am glad you asked me that but
can it wait until later?

Jsem rád, že se mne ptáte, ale
může to počkat na později?

Do you mind if we talk
about it later?

Nevadí Vám, když o tom
budeme hovořit později?

All in good time.

Všechno má svůj čas.

Could we put that off
until later?

Mohli bychom to odložit
až na později?

I'll need some time to think
about it.

Budu potřebovat nějaký čas,
abych o tom přemýšlel.

Well, let me think for a moment ...

Dobrá, nechte mne chvíli
přemýšlet ...

I'd rather not to go into details
now, if you don't mind.

Raději bych nyní nešel do de-
tailů, pokud Vám to nebude
vadit.

I'm sorry but the information
requested will be available
tomorrow.

Omlouvám se, ale požadovaná
informace bude k dispozici
zítra.

I suggest we leave this point
until a later stage.

Navrhuji, abychom nechali tento
bod na pozdější období.

It might be better to return
to that point a little later.

Bylo by lepší se vrátit k tomuto
bodu trochu později.

Perhaps we could consider
that matter later?

Možná bychom mohli vzít tuto
záležitost v úvahu později?

Vyjádření nemožnosti zodpovědět položenou otázku:

I am sorry but I can't
answer that.

Je mi líto, ale nemohu
to zodpovědět.

I'd rather not answer that,
if you don't mind.

Raději bych to nezodpovídal,
pokud Vám to nevadí.

I am sorry, but I am not in a position to answer that.	Omlouvám se, ale nejsem schopen to zodpovědět.
I am sorry, but I am not the right person to answer that question.	Je mi líto, ale já nejsem ta pravá osoba k zodpovězení této otázky.
I am afraid I don't have that information available.	Bohužel nemám tuto informaci k dispozici.
I have to admit, I really don't know the answer.	Musím přiznat, že skutečně odpověď neznám.

Dotaz na vysvětlení tvrzení, kterému nerozumíte:

Could you expand on that?	Mohl byste to blíže vysvětlit?
Would you mind going over that again?	Mohl byste to projít ještě jednou?
Could I ask you just to explain that again?	Mohl bych Vás jenom požádat, abyste to vysvětlil ještě jednou?
Would you mind repeating what you said about that?	Mohl byste zopakovat co jste o tom řekl?
Could you explain that point once more, please?	Mohl byste vysvětlit ten bod ještě jednou, prosím?
I am sorry, I don't understand what you mean by that.	Promiňte, nerozumím co tím myslíte.
Sorry, I didn't understand what you said.	Promiňte, nerozuměl jsem co jste říkal.
I haven't quite understood your question. Would you repeat it, please?	Nerozuměl jsem úplně Vaší otázce. Mohl byste ji zopakovat, prosím?
Could you possibly clarify that?	Mohl byste to laskavě objasnit?
I wonder if I could ask you …	Mohl bych se Vás zeptat …
I am sorry, but what are you trying to say?	Omlouvám se, ale co se pokoušíte říci?
I am sorry, but what are you getting at?	Promiňte, ale co tím chcete říci?
Excuse my asking again.	Promiňte, že se opět ptám.

I am sorry, but what exactly do you mean?	Promiňte, ale co přesně máte na mysli?
Could you explain why you reject this proposal so strongly?	Mohl byste vysvětlit proč tak důrazně odmítáte tento návrh?
I am sorry, I didn't quite catch that last word.	Promiňte, ale nezachytil jsem zcela to poslední slovo.
Would you mind repeating that last point, please?	Zopakoval byste ten poslední bod, prosím?

Snaha o přerušení řečníka a žádost o rozhovor s ním:

I am sorry to bother you.	Omlouvám se, že Vás vyrušuji.
I am sorry to bother you, but would you have a minute?	Omlouvám se, že Vás vyrušuji, ale měl byste minutku?
I am sorry, I can see that you are very busy now, but can I interrupt for a minute?	Promiňte, vidím, že jste nyní velmi zaneprázdněn, ale mohu Vás na minutku vyrušit?
I am sorry, could you give me five minutes of your time?	Promiňte, mohl byste mi dát pět minut Vašeho času?

Omluva ostatním účastníkům při nečekaném odvolání z jednání:

I am sorry, would you excuse me for a minute?	Promiňte, omluvili byste mne na minutku?
I am sorry I'll be back in five minutes.	Omlouvám se, za pět minut budu zpátky.
I am sorry to leave you for a moment, but something important has come up.	Omlouvám se, že Vás na chvíli opouštím, ale objevilo se něco důležitého.
I am afraid I must go now, but …	Bohužel musím nyní odejít, ale …
Just a minute, I'll be right back.	Jenom chvilku, hned se vrátím.
I am very sorry, but this won't take a minute.	Velice se omlouvám, ale to nezabere ani minutku.

Pobídka k pokračování v jednání:

Can we now look at …?	Mohli bychom se nyní podívat na …?
Could we move on to item 7 on the agenda?	Mohli bychom postoupit dál k bodu programu číslo 7.
I think we should now consider …	Myslím, že bychom nyní měli vzít v úvahu …
Perhaps we could turn our attention to the question of …?	Možná bychom měli obrátit svou pozornost k otázce …?
Perhaps we could move on to the next item on the schedule.	Možná bychom měli postoupit k dalšímu bodu programu.
Can we go on, please?	Můžeme pokračovat, prosím?
As we are running short of time, perhaps we could …?	Protože se nám krátí čas, možná bychom mohli …?
Time is running out, so I think we should begin …	Nezbývá již mnoho času a tak si myslím, že bychom měli začít …

Shrnutí jednání a případný zápis dosud probraných bodů:

Let me just summarize our main problems again.	Dovolte mi teď shrnout ještě jednou naše hlavní problémy.
Let me just recap for a moment.	Dovolte mi na chvíli shrnutí.
Let's summarize what we've said so far:	Shrňme si co jsme dosud řekli:
Let's just recap on what we have agreed.	Shrňme si teď to na čem jsme se shodli.
Maybe we could just run over the main points again?	Možná bychom si mohli projít ještě jednou hlavní body.
Can we just stop here a moment and summarize the points so far?	Můžeme se tady teď na chvilku zastavit a shrnout dosavadní body?
It would be useful to summarize what we have said so far.	Bylo by užitečné shrnout co jsme dosud řekli.

Would you mind if we write down what we have agreed?	Nevadilo by Vám, kdybychom zapsali na čem jsme se domluvili?
I think it would be a good idea to get the main points down on paper.	Myslím, že by bylo dobré zanést hlavní body na papír.
Could we make a written record of what we have agreed?	Mohli bychom sestavit písemnou zprávu o čem jsme se dohodli?
This point should be especially emphasized in the minutes.	Tento bod by měl být zvláště v zápisu zdůrazněn.
We have no secretary today, would someone be so kind as to take the minutes?	Nemáme dnes sekretářku, byl by někdo tak laskav a udělal zápis?

ZÁVĚR JEDNÁNÍ:

It's been a pleasure doing business with you.	Bylo potěšením s Vámi obchodovat.
Our negotiations proceeded smoothly.	Naše jednání probíhala hladce.
I am glad that these talks had a successful outcome.	Jsem rád, že tyto rozhovory vedly k úspěšnému výsledku.
I am glad that these protracted negotiations are successfully finished.	Jsem rád, že jsou tato dlouhá jednání úspěšně skončena.
I am glad that we have reached the agreement today.	Jsem rád, že jsme dnes dosáhli dohody.
I think the negotiations have been good for our companies	Myslím, že jednání byla pro naše firmy dobrá.
I am convinced that our cooperation could be both pleasant and successful.	Jsem přesvědčen, že by naše spolupráce mohla být příjemná a úspěšná.
We sincerely hope that this will be a successful transaction for you.	Upřímně doufáme, že to pro Vás bude úspěšný obchod.

V. KAPITOLA

PREZENTACE NOVÉHO PRODUKTU, STRATEGIE, PROJEKTU …

Uvítání posluchačů:

Ladies and gentlemen, good morning.	Dámy a pánové, dobrý den.
Ladies and gentlemen, perhaps we could start.	Dámy a pánové, snad bychom mohli začít.
Ladies and gentlemen, perhaps I could begin?	Dámy a pánové, možná bych mohl začít?
Perhaps we should talk about reason we are here.	Možná bychom měli hovořit o důvodu, proč jsme tady.
Ladies and gentlemen, we have a lot to discuss, today.	Dámy a pánové máme toho dnes hodně k projednávání.
We haven't all met before, so I'd better introduce myself, I am …	Ještě jsme se dříve všichni nesetkali, takže bych se raději představil, jsem …
I am going to be talking about …	Budu hovořit o …
I am pleased to be able to welcome you to this presentation.	Jsem potěšen, že Vás mohu přivítat na této prezentaci.
I'd like to thank you for coming.	Rád bych Vám poděkoval za to, že jste přišli.
May I have your attention, please.	Prosím o Vaši pozornost.
I am happy to see so many young people here.	Jsem šťasten, že zde vidím tolik mladých lidí.
Ladies and gentlemen, welcome to Project „New Millenium".	Dámy a pánové, vítejte na projektu „Nové tisíciletí"
I am delighted to have the opportunity of making this presentation.	Jsem potěšen, že mám možnost provést tuto prezentaci.
I am grateful for the opportunity of presenting …	Jsem vděčen za možnost představení …

It's my pleasant duty today to …

Mám dnes příjemnou povinnost …

Ladies and gentlemen, I'd like to thank you for giving me the chance …

Dámy a pánové, rád bych Vám poděkoval za poskytnutí možnosti …

Ladies and gentlemen, if I may have your attention.

Dámy a pánové, kdybych Vás mohl požádat o pozornost.

Zahájení prezentace:

I'd like to begin with a brief outline of this project.

Rád bych začal stručným nastíněním tohoto projektu.

I'd like to start by saying …

Rád bych začal tím, že řeknu …

I don't intend to speak for longer than twenty minutes.

Nehodlám mluvit déle než dvacet minut.

I shall be speaking about this project for about ten minutes.

Budu hovořit o tomto projektu asi deset minut.

I know that time is short, so I'd better make a start.

Vím, že času není nazbyt, takže raději začnu.

Ladies and gentlemen, my presentation will last no longer than thirty minutes.

Dámy a pánové, má prezentace nepotrvá déle než třicet minut.

PRŮBĚH PREZENTACE

Získání pozornosti přítomných:

I am going to be speaking about something that is vitally important to all of us.

Budu hovořit o něčem co je pro nás pro všechny velice důležité.

Ladies and gentlemen the first and most important point of my presentation is …

Dámy a pánové, první a nejdůležitější bod mé prezentace je …

At the end of the presentation you will understand why …

Na závěr prezentace pochopíte, proč …

My presentation will help solve a problem that has puzzled us for months.	Moje prezentace pomůže vyřešit problém, který nám vrtá hlavou už měsíce.
I am going to be talking about a strategy that could double your profits.	Budu hovořit o strategii, která by mohla zdvojnásobit Vaše zisky.
Over the next twenty minutes you are going to hear about something that will change your attitude to globalisation.	V příštích dvaceti minutách uslyšíte o něčem co změní Váš přístup ke globalizaci.

Seznámeních přítomných s předmětem prezentace:

Ladies and gentlemen, I shall be speaking today about …	Dámy a pánové, dnes budu hovořit o …
I'll start with … and then move on to …	Začnu s … a poté postoupím k …
The subject of my presentation is:	Předmětem mé prezentace je:
My presentation concerns …	Má prezentace se zabývá …
I'd like to say something about …	Rád bych řekl něco o …
The main area that I intend to cover today is …	Hlavní oblastí, kterou chci dnes pokrýt je …
Today's topic is …	Dnešní téma je …
I will deal with these topics in the following order …	Budu se zabývat těmito tématy v následujícím pořadí …
I have divided my speech into four parts.	Rozdělil jsem své vystoupení do čtyř částí.
I'd like to start with a general overview and then focus on …	Chtěl bych začít všeobecným přehledem a poté se zaměřit na …

Upozornění přítomných na to, že jste ochoten zodpovídat otázky až na konci prezentace:

If you have any questions, I'll be pleased to answer them at the end.	Pokud budete mít nějaké otázky, rád je zodpovím na závěr.

Please can you save your
questions until the end?

Můžete si prosím ponechat své
otázky až na konec?

I think, if you don't mind we'll
leave questions to the end.

Myslím, že pokud Vám to
nebude vadit necháme otázky
až na konec.

I'll be pleased to answer any
questions you may have
at the end of the presentation.

Rád Vám zodpovím jakékoliv
otázky, které byste měli,
na konci prezentace.

There'll be time at the end of
the presentation to answer
your questions.

Na konci prezentace
bude čas zodpovědět
Vaše otázky.

I'd rather deal with questions
at the end of the presentation,
if you don't mind.

Pokud Vám to nebude vadit,
raději bych se zabýval otázkami
na konci prezentace.

Upozornění přítomných na ochotu zodpovídat otázky během prezentace:

Please stop me if you have
any questions.

Zastavte mne prosím, pokud
máte jakékoliv otázky.

Don't hesitate to interrupt me
if you have a question.

Neváhejte mne přerušit,
pokud máte otázku.

If you have any question,
please feel free to interrupt me.

Pokud máte jakékoliv otázky,
klidně mne přerušte.

If you have any questions,
I'll be glad to answer them.

Pokud budete mít nějaké otázky,
rád je zodpovím.

Snaha o oddálení odpovědi:

I'll be coming to that point
in a minute.

K tomuto bodu dojdu
za chvíli.

Could I come back
to that point later?

Mohl bych se vrátit
k tomuto bodu později?

I will answer your question
at the end of the presentation,
perhaps you wouldn't mind
waiting until then?

Zodpovím Vaši otázku
na konci prezentace,
snad Vám nebude vadit
čekat až do té doby?

Vyjádření nemožnosti zodpovědět otázku:

I am sorry, but I can't give you an answer to that offhand.

Je mi líto, ale na to Vám nemohu dát okamžitou odpověď.

I am afraid I can't answer that.

Bohužel to nemohu zodpovědět.

I am afraid there's no easy answer to that question.

Bohužel na tuto otázku neexistuje jednoduchá odpověď.

I am afraid I am not the right person to answer that question.

Obávám se, že nejsem ta správná osoba k zodpovězení této otázky.

I am sorry but this sort of thing isn't in my line.

Je mi líto, ale toto nespadá do oboru mé působnosti.

I would rather not answer that question at present.

Raději bych na tuto otázku nyní neodpovídal.

Uvádění příkladů:

For example … For instance …

Například ...

By way of an example …

Jako příklad …

A good example of this is ...

Dobrým příkladem toho je …

As an example of this …

Jako příklad toho …

I can demonstrate this by using the previous point as an example.

Mohu to demonstrovat tím, že použiji předchozí bod jako příklad.

To illustrate this, I'd like to give you an example …

Abych to ilustroval, rád bych Vám dal příklad …

Odbočení od projednávaného bodu popř. návrat k předchozímu zmíněnému bodu:

If I could digress for a moment …

Kdybych mohl na chvíli odbočit ...

I'll just touch on one other point in passing.

Jenom se zmíním letmo o jiném bodu.

Perhaps I might also mention that …

Možná bych mohl také zmínit, že …

As an extension to this …

Jako rozšíření k tomuto …

As I said earlier ...	Jak jsem již dříve řekl ...
When I was talking about this point earlier, I said that ...	Když jsem hovořil o tomto bodu dříve, řekl jsem, že ...
About ten minutes ago I said ...	Asi před deseti minutami jsem řekl ...
You will recall that earlier I said ...	Vzpomenete si, že dříve jsem řekl ...
To return to the main subject ...	Abychom se navrátili k hlavnímu tématu ...
Let's return to our point of departure.	Vraťme se zpět k bodu, kde jsme začali.
To continue the main discussion ...	Abychom pokračovali v hlavní diskusi ...
As I was saying before that digression ...	Jak jsem říkal před tímto odbočením ...
Going back to what I was saying ...	Vraťme se k tomu co jsem říkal ...
To go back to my earlier point ...	Abych se vrátil ke svému předešlému bodu...

Snaha o zopakování a objasnění probíraného:

In other words ...	Jinými slovy ...
Another way of saying it ...	Jiný způsob jak to říci ...
I'll try to put that more clearly.	Pokusím se to podat jasněji.
Let me clarify that for you.	Dovolte, abych Vám to objasnil.
I think I should repeat that point once more.	Myslím, že bych měl zopakovat tento bod ještě jednou.
Let me put that another way.	Dovolte mi to podat jiným způsobem.
In the case that the last point wasn't clear to everyone, I'll repeat it.	V případě, že poslední bod nebyl všem jasný, zopakuji ho.
If I could rephrase that ...	Kdybych to řekl jinak ...
To illustrate the point I've brought ...	Pro objasnění tohoto bodu jsem přinesl ...

Naznačení, že půjdete do větších podrobností:

This point needs closer examination …	Tento bod vyžaduje bližší vysvětlení …
To be more specific …	Abych byl konkrétnější …
At this point we must consider …	U tohoto bodu musíme zvážit …
I should like to go into greater detail on this matter.	Rád bych v této záležitosti zašel do větších podrobností.
There is one detail that is worth focusing on …	Je zde jeden detail, na který stojí za to se zaměřit …
Let's go into this in more detail.	Pusťme se do toho podrobněji.
Let me be more specific for a moment.	Dovolte, abych byl na chvíli konkrétnější.
I think it's worth looking at this in a little more detail.	Myslím, že se vyplatí se na to podívat trochu podrobněji.
Let's focus on one aspect of this problem.	Zaměřme se na jednu stránku tohoto problému.
I'd like to say a word or two about this …	Chtěl bych říci pár slov o tomto …
I should like to take up a point made by Peter and elaborate it.	Chtěl bych se zabývat bodem vyjádřeným Petrem a rozvést ho.
It's time to stop generalising and start being precise.	Je čas přestat zevšeobecňovat a začít být podrobnější.
And now I'd like to concentrate on this issue …	A nyní bych se rád zaměřil na tento problém …
I think this is a crucial issue and should be dealt with in detail.	Domnívám se, že toto je velmi důležitý problém a měl by být projednán podrobně.

Přechod od jednoho bodu ke druhému:

That describes X, so what about Y?	To popisuje X, a co takhle Y?
Having dealt with X, I want to move on to Y.	Když jsem se zabýval X, chci postoupit k Y.

One point that follows from X is that Y ...	Jeden bod, který vyplývá z X je, že Y ...
So much for X, let's look at Y ...	Tolik k X, podívejme se na Y ...
In X I said that ... on the other hand in Y ...	V X jsem řekl, že ... na druhé straně v Y ...
Although in X I showed that ..., in Y ...	Ačkoliv v X jsem ukázal, že ..., v Y ...
Having discussed X, we can see that Y ...	Když jsme prodiskutovali X, můžeme vidět, že Y ...
And now quite distinct from X, we have Y ...	A nyní zcela odlišné od X máme Y ...
Now let's have a look at Y ...	Nyní se podívejme na Y ...
This brings me to my next point ...	To mě přivádí k mému dalšímu bodu ...

Omluvy během prezentace:

I am sorry if my English is a little difficult to understand.	Omlouvám se pokud je moje angličtina trochu obtížněji pochopitelná.
I am sorry, I don't know the exact expression for this in English.	Omlouvám se, ale nevím pro to přesný výraz v angličtině.
I am sorry if this is too complicated for some of you.	Omlouvám se pokud je to pro některé z Vás příliš kompliko-vané.
I am sorry I'll just start that again.	Omlouvám se hned začnu znova.
I am sorry if this seems a little boring, but ...	Omlouvám se pokud se to zdá trochu nudné, ale ...

Přerušení jednání v důsledku přestávky:

The discussion will continue after a break of 30 minutes.	Diskuse bude pokračovat po přestávce za 30 minut.
The discussion will be resumed here after a break of 20 minutes.	Diskuse bude opět zahájena po přestávce za 20 minut.

Let's break for a coffee after this point, shall we?	Dejme si přestávku na kávu po tomto bodu, ano?
We still have a lot of business to deal with, so we' ll resume our discussion at 3 o'clock.	Stále máme mnoho témat k projednávání a tak znovu zahájíme diskusi ve tři hodiny
We shall now take a break for lunch and continue our discussion at 2 o'clock.	Teď si dáme přestávku na oběd a budeme pokračovat v diskusi ve 2 hodiny.

Hlasování o sporném bodu:

If we want a firm decision we should proceed to a vote.	Jestliže chceme zásadní rozhodnutí, měli bychom přistoupit k hlasování.
I propose that we put this controversial question to a vote.	Navrhuji, abychom předložili tuto spornou otázku k hlasování.
Time is running short, so let's have a vote on this point immediately.	Zbývá nám málo času a tak hlasujme o tomto bodu okamžitě.
This is a rather important issue and I therefore propose that we vote on it.	To je dosti důležitý problém a proto navrhuji, abychom o něm hlasovali.
Let's now vote on the motion.	Hlasujme nyní o návrhu.
Those in favour!	Kdo je pro?
Those against!	Kdo je proti?
Those abstaining!	Zdržel se někdo hlasování?
The proposal was accepted by a majority.	Návrh byl většinou přijat.
The proposal has been rejected.	Návrh byl zamítnut.

ZÁVĚR A SHRNUTÍ VAŠEHO VYSTOUPENÍ:

If I could summarize
what I have said so far …

Kdybych mohl shrnout
co jsem dosud řekl …

To summarize …

Abych shrnul …

I have attempted to explain here
that …

Pokusil jsem se zde vysvětlit,
že …

To sum up, I can say that …

Souhrnně mohu konstatovat,
že …

That's all I wanted to say
about this problem.

To je všechno, co jsem chtěl
říci o tomto problému.

This concludes what
I wanted to say about …

To uzavírá to co
jsem chtěl říci o …

There's nothing left to say on
this project, so I think, that …

Nezbývá již nic co říci k tomuto
projektu, takže myslím, že …

In conclusion, I'd like to …

Na závěr bych rád …

I'd like to finish by …

Rád bych skončil tím …

In short, then …

Takže v krátkosti …

So, basically that would
be all about …

Takže v podstatě to by
bylo všechno o …

That completes the first part
of my presentation.

Tím končí první část
mého vystoupení.

Since there are no other points
on the agenda, I propose,
that we …

Protože nejsou žádné další body
na programu, navrhuji,
abychom …

Now if there are any questions
I'll be happy to answer them.

Pokud jsou nyní nějaké otázky,
rád je zodpovím.

I hope you have found my
presentation useful.

Doufám, že pro Vás bylo mé
vystoupení užitečné.

Before closing I'd like to
summarize the main points again.

Dříve než skončím, rád bych
shrnul znovu hlavní body.

Permit me to summarize once again the main points of my presentation.	Dovolte mi shrnout ještě jednou hlavní body mé prezentace.
That would be all I wanted to say about...	To by bylo všechno, co jsem chtěl říci o …
I am afraid the time is against us, so we'd better stop here.	Obávám se, že čas je proti nám, takže bychom nyní raději skončili.
Since there are no more contributions, I shall now close the discussion.	Protože již nejsou další diskusní příspěvky, uzavřu nyní diskusi.
Before I close the meeting may I thank everybody for coming.	Dříve než ukončím schůzi, dovolte mi, abych všem poděkoval za účast.
I'd like to thank you on behalf of our company for your attendance.	Jménem naší firmy bych Vám rád poděkoval za účast.
Ladies and gentlemen, thank you for listening.	Dámy a pánové děkuji Vám za poslech.
I'd like to thank you all for your presence and cooperation.	Chtěl bych Vám všem poděkovat za Vaši účast a spolupráci.
Ladies and gentlemen, you have been a very attentive audience, thank you.	Dámy a pánové, byli jste velice pozorné obecenstvo, děkuji.

VI. KAPITOLA

ENQUIRY, DEMAND   POPTÁVKA

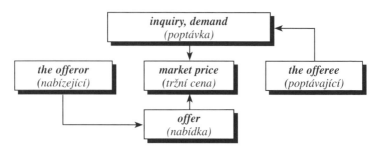

Rozšiřte si slovní zásobu:

seasonal demand – sezónní poptávka ● consumer demand – spotřebitelská poptávka ● increase in demand – zvýšení poptávky ● anticipated demand – očekávaná poptávka ● expected demand – očekávaná poptávka ● create demand – vytvořit poptávku ● demand and supply – poptávka a nabídka ● demand outstrips supply – poptávka převyšuje nabídku ● diminishing demand – klesající poptávka ● falling demand – klesající poptávka ● excess demand – nadměrná poptávka ● goods are in great demand – zboží jde dobře na odbyt ● product in demand – žádaný výrobek ● meet the demand – uspokojit poptávku ● steady demand – stálá poptávka ● stimulate demand – podněcovat poptávku ● waiting demand – neuspokojená poptávka ● satisfy the demand for sth – uspokojit poptávku po něčem ●

Poptávající sděluje, odkud zná adresu prodávajícího a proč se na něj obrací:

We have obtained your name and address from...	Získali jsme Vaši adresu a jméno od...
Mr. ... of Brighton was kind enough to give me your name and address.	Pan ... z Brightonu byl tak laskav a dal mi Vaše jméno a adresu.
I was given your address by the London Chamber of Commerce.	Dostal jsem Vaši adresu u Londýnské obchodní komory.

We have been informed by...
that your firm is one of the
leading importers of...

Byli jsme informováni... že
Vaše firma je jedním
z hlavních dovozců...

We have seen your advertisement
in our newspaper and should
be pleased to make business
with you.

Viděli jsme Váš inzerát v našich
novinách a rádi bychom s Vámi
obchodovali.

I recently met and talked with
your representative at the
Brno fair.

Nedávno jsem se setkal
a hovořil s Vaším zástupcem
na veletrhu v Brně.

Mr Coleman from Glasgow has
recommended you to us.

Pan Coleman z Glasgova nám
Vás doporučil.

Poptávající popisuje zboží, o které má zájem:

We are interested in...

Máme zájem o...

We could place large orders
with you if your patterns
and prices are suitable.

Mohli bychom Vám udělit
velké objednávky, pokud jsou
Vaše vzorky a ceny odpovídající.

Our demand for these fabrics
is quite considerable.

Potřeba těchto výrobků je pro
nás značná.

Please let us know if you have
the goods in stock and what
the price would be.

Sdělte nám prosím, zda máte
zboží na skladě a jaká by
byla cena.

We should be grateful if you let
us know what you have to offer
in the way of...

Byli bychom vděčni, kdybyste
nám sdělili co můžete
nabídnout pokud se týká...

We are interested in the products
which you advertise.

Máme zájem o výrobky, které
inzerujete.

Poptávající požaduje od prodávajícího nabídku, informační materiály a ostatní náležitosti:

We should be grateful for your
most recent price-lists
and patterns.

Byli bychom Vám
vděčni za Vaše nejnovější
ceníky a vzorky.

We should appreciate your sending us a copy of your catalogue.

Ocenili bychom, kdybyste nám zaslali kopii Vašeho katalogu.

As we have a considerable trade outlet we hope to be given your most favourable terms.

Protože máme značné odbytiště, doufáme, že nám poskytnete Vaše nejvýhodnější podmínky.

We should like to know if you are prepared to grant us a special discount.

Rádi bychom věděli, zda jste připraveni nám poskytnout zvláštní slevu.

What is the minimum quantity you would require to be ordered?

Jaké je minimální množství, které vyžadujete k objednání?

Závěrečné fráze:

We shall compare your prices and if satisfied, we will send you the order.

Porovnáme Vaše ceny a pokud budeme spokojeni, zašleme Vám objednávku.

We hope that you will shortly be able to furnish us with the information requested.

Doufáme, že nám v krátké době zašlete požadované informace.

We should be very pleased to make business with you and we look forward to hearing from you in the near future.

Rádi bychom s Vámi obchodovali a očekáváme, že o Vás uslyšíme v nejbližší budoucnosti.

We assure you that once we are satisfied with a supplier we do not change him.

Ujišťujeme Vás, že pokud jsme již jednou spokojeni s dodavatelem, neměníme ho.

Dear Sirs,

We have obtained your name and address from Mr Blackmoore of Brighton, with whom we have done considerable business for some time. He has recommended you as being the firm most likely to be able to supply our need in perfume bottles. We should be grateful for your most recent price-lists and patterns.

Our demand for these bottles is quite considerable and we feel sure that we could place large orders with you if your patterns and prices are suitable.

For information about us we refer you to our Chamber of Commerce, but we should like to state now that, in the event of our placing orders with you, the transaction would be on a cash basis by irrevocable letter of credit, so please quote cash prices in your reply.

Yours faithfully,

we have obtained – obdrželi jsme ● to supply our needs – krýt naši potřebu ● most recent price-lists and patterns – nejnovější ceníky a vzorky ● place large orders – zadávat velké objednávky ● we refer you to... – odkazujeme Vás na... ● on a cash basis – v hotovosti ● quote cash prices – uveďte ceny v hotovosti

ODPOVĚĎ NA POPTÁVKU

**Poptávaný děkuje za došlou poptávku
a zasílá informační materiál:**

Thank you for your enquiry
and we are pleased to be able
to offer you firm for immediate
delivery...

Děkujeme Vám za Vaši
poptávku a jsme potěšeni,
že Vám můžeme závazně
nabídnout k okamžité
dodávce....

We are enclosing our current
illustrated catalogue and our
present export price-list.

Přikládáme náš současný
ilustrovaný katalog a nynější
exportní ceník.

We can make you the following
offer to your enquiry for...
and we hope it will meet with
a favourable reception.

Můžeme Vám udělat následu-
jící nabídku na Vaši poptávku
po... a doufáme, že se setká
s kladným přijetím.

We are sending you a full range
of samples with a price-list and
terms under separate cover today.

Zasíláme Vám celou kolekci
vzorků s ceníkem a podmínka-
mi ve zvláštní obálce.

We confirm our acceptance
of your enquiry.

Potvrzujeme příjem Vaší
poptávky.

We hope we shall have the
pleasure of doing business with
you and please do not hesitate
to contact us whenever you think
we can be of service to you.

Doufáme, že budeme mít
potěšení s Vámi obchodovat
a prosím neváhejte a kontaktuj-
te nás, kdykoliv si budete mys-
let, že Vám můžeme být nápo-
mocni.

Our price-list and catalogues will
give you full information about
the various models.

Náš ceník a katalogy Vás budou
plně informovat o různých
modelech.

**Poptávaný oznamuje zpracování nabídky
a upřesňuje některé otázky týkající se nabídky:**

We shall be pleased to assist you
with any further details of...

Rádi Vám přispějeme
dalšími podrobnostmi o...

Should you be interested in associating yourself with us, we shall be pleased to discuss in full detail the possibility of our cooperation.

Pokud byste měli zájem s námi spolupracovat, rádi bychom plně prohovořili možnost naší spolupráce.

To our regret, we are unable to promise delivery within 4 weeks.

Bohužel nemůžeme slíbit dodávku během 4 týdnů.

When we receive this information from you we shall be in a better position to make you a detailed offer.

Až od Vás obdržíme tuto informaci, budeme Vám moci udělat podrobnou nabídku.

On a smaller quantity we should have to raise our quotation so much that the price would be uninteresting.

Při menším množství bychom museli zvýšit naši kalkulaci tak, že by cena byla nezajímavá.

Poptávaný objasňuje proč nemůže v současnosti a nebo vůbec přistoupit na nabízený obchod:

We regret to have to inform you that we have given up selling... as we found these articles unprofitable.

Bohužel Vás musíme informovat o tom, že jsme zanechali prodeje..., protože jsme shledali toto zboží jako nerentabilní.

We no longer supply the products indicated but have replaced them by others which are more efficient.

Již nedodáváme uvedené výrobky, ale nahradili jsme je jinými, výkonnějšími.

To our regret, we are unable to promise delivery in this month because, as a result of our exhibition, we have a large influx of orders.

Bohužel nemůžeme slíbit dodávku v tomto měsíci, protože v důsledku naší výstavy jsme zaplaveni objednávkami.

We hope that in the near future we shall be able to offer new products at competitive prices.

Doufáme, že v brzké budoucnosti budeme moci nabídnout nové výrobky za konkurenceschopné ceny.

Dear Sirs,

Thank you very much for your enquiry. We are sending you a full range of samples with a price list and terms under separate cover today.

We think you will find our prices quite low and we are prepared to give wholesalers a rebate of 25% on the list prices and an additional 3% discount on cash payments.

We should like to draw your attention to our latest perfume line

Yellow Moon

We hope we shall have the pleasure of doing business with you and please do not hesitate to contact us whenever you think we can be of service to you.

Yours faithfully,

full range of samples – celou kolekci vzorků ● under separate cover – ve zvláštní obálce ● wholesalers – velkoobchodníci ● on the list prices – na ceníkové ceny ● an additional 3% discount – dodatečnou 3% slevu ● to draw your attention – upozornit Vás na ● do not hesitate – neváhejte ● to be of service – být nápomocen

THE OFFER   NABÍDKA

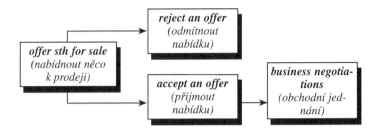

Rozšiřte si slovní zásobu:

offer sth for sale – nabídnout něco k prodeji ● accept an offer – přijmout nabídku ● reject an offer – odmítnout nabídku ● cancel, revoke an offer – zrušit nabídku ● allow an offer to lapse – nechat si ujít nabídku ● hold an offer open – ponechat nabídku v platnosti ● prepare an offer – připravit nabídku ● submit, make an offer – předložit, učinit nabídku ● withdraw an offer – stáhnout nabídku ● the offer is open until … – nabídka platí do … ● the offer is binding until … – nabídka je závazná do … ● attach to the offer – přiložit k nabídce ● the offer is satisfactory – nabídka vyhovuje ● be on special offer – být nabízen za výhodnou cenu ● bargain offer – výhodná nabídka ● counter offer – protinabídka ● aggregate offer – celková nabídka ● highest offer – nejvyšší nabídka ● competitive offer – konkurenční nabídka ● offering price – nabídková cena ● offer of goods – nabídka zboží ● exceptional offer – mimořádná nabídka ● offer without engagement, not binding offer – nezávazná nabídka ● binding, firm offer – závazná nabídka ● revocation of an offer – odvolání nabídky ● special offer – zvláštní nabídka ● tender offer – konkurzní nabídka ● trial offer – zkušební nabídka ● written offer – písemná nabídka ● offer with time limit – termínovaná nabídka ●

Předložení nabídky:

I am in a position to offer you …	Mám možnost Vám nabídnout …
I am prepared to offer …	Jsem připraven nabídnout …
I am pleased to be able to offer you …	Jsem potěšen, že Vám mohu nabídnout …
I can make you the following offer …	Mohu Vám udělat následující nabídku …
I would like you to consider our offer of …	Rád bych, abyste posoudili naši nabídku …
I have examined the situation in detail and I am prepared to make an offer of …	Přezkoumal jsem detailně situaci a jsem připraven udělat nabídku …

Znovuprověření původně předložené nabídky:

I'd like you to reconsider our proposal.	Rád bych, abyste znovu posoudil náš návrh.
There is still time to reconsider the offer.	Stále je ještě čas znovu posoudit nabídku.
I think it would be worth looking at the offer again.	Myslím, že by se vyplatilo podívat se na nabídku ještě jednou.
Would you like to think again about the original offer?	Chtěl byste znovu promyslet původní nabídku?

Předložení závěrečné nabídky:

Under these circumstances we are prepared to offer …	Za těchto okolností jsme připraveni nabídnout …
After taking all the points into consideration, we have come up with an offer of …	Poté co jsme vzali v úvahu všechny body, přicházíme s nabídkou …
We can't offer more, I am afraid.	Obávám se, že nemůžeme nabídnout více.
I have considered all the points you have put forward and my final offer is …	Posoudil jsem všechny body, které jste předložili a má poslední nabídka je …

Odsunutí přijetí nabídky na pozdější dobu:

I can't give you my final
decision until …

Nemohu Vám dát své konečné
rozhodnutí dokud …

I agree in principle, but there are
certain points I don't like.

V zásadě souhlasím, ale jsou
tam jisté body, které se mi
nelíbí.

I'll have to consider that
very carefully.

Budu to muset posoudit
velice pozorně.

I really don't think I can give you
a firm decision on that.

Skutečně si nemyslím,
že Vám mohu dát k tomu pev-
né rozhodnutí.

First, I'll have to consult your
offer with my partners.

Nejprve budu muset konzultovat
Vaši nabídku se svými partnery.

There are certain points I'd like
clarifying before I give
my final decision.

Jsou zde jisté body, které bych
chtěl objasnit dříve než dám
své konečné rozhodnutí.

Your offer needs careful
consideration.

Vaše nabídka potřebuje pečlivé
uvážení.

Přijetí nabídky:

That seems like a reasonable
offer to us.

To vypadá pro nás jako rozumná
nabídka.

I think we could do business
on that basis.

Myslím, že bychom na tomto
základě mohli obchodovat.

Yes, I think that would be
satisfactory to us.

Ano, myslím, že by to pro nás
bylo uspokojivé.

I can't see any reason why
we shouldn't agree to that.

Nevidím žádný důvod proč
bychom s tím neměli souhlasit.

Your offer sounds very interesting.
I think we can agree
on these terms

Vaše nabídka zní velice zajíma-
vě. Myslím, že s těmito podmín-
kami můžeme souhlasit.

As your prices and terms meet
our requirements, we order …

Protože vaše ceny a podmínky
odpovídají našim požadavkům,
objednáváme …

Odmítnutí nabídky:

I am sorry, but we can't agree to that.	Je mi líto, ale s tím nemůžeme souhlasit.
No, we really can't accept that.	Ne, to skutečně nemůžeme přijmout.
I am afraid that wouldn't be acceptable to our company.	Obávám se, že to by pro naši firmu nebylo přijatelné.
I am afraid I must reject your offer.	Bohužel musím odmítnout Vaši nabídku.
I am afraid we can't agree to your conditions.	Bohužel nemůžeme souhlasit s Vašimi podmínkami.
We have taken all the aspects into account, but we can't afford to accept this offer.	Vzali jsme v úvahu všechny aspekty, ale nemůžeme si dovolit přijmout tuto nabídku.

Shrnutí projednaných bodů nabídky:

I think we could go over your offer, point by point:	Myslím, že bychom mohli projít Vaši nabídku, bod po bodu:
Could we take each point of the offer and check what we've agreed?	Mohli bychom vzít každý bod nabídky a zkontrolovat na čem jsme se dohodli?
Would you mind if we run over these points again?	Nevadilo by Vám, kdybychom prošli tyto body znovu?
Could we just go over what we have agreed so far?	Mohli bychom teď projít to na čem jsme se dosud dohodli?
I'd like to summarize what we said about …	Chtěl bych shrnout co jsme řekli o …
Let's look again at what we have agreed on. O. K.?	Podívejme se znovu na čem jsme se dohodli. Ano?
May we go through the points of your offer once more?	Mohli bychom projít body Vaší nabídky ještě jednou?
Let's summarize the conditions.	Shrňme si podmínky.

Stanovení podmínek během jednání:

I can agree, provided that …	Mohu souhlasit, za předpokladu, že …
We'll only do it on condition that …	Uděláme to pouze za podmínky, že …
The only proviso is that …	Jedinou podmínkou je, že …
I agree with the proviso that …	Souhlasím pod podmínkou, že …
We could do it, as long as …	Mohli bychom to udělat, pokud …
We would agree on the understanding that …	Souhlasili bychom za předpokladu, že …
We may be able to … but only if you …	Možná bychom mohli …, ale jenom když Vy …
Well, it may be possible but only if …	Dobrá, to by bylo možné, ale jenom když …
If you could promise … then we may be able …	Pokud byste mohl přislíbit … pak bychom mohli …

VII. KAPITOLA

THE CONTRACT   SMLOUVA

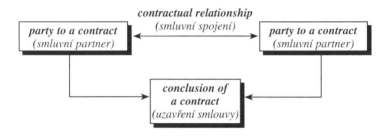

Rozšiřte si slovní zásobu:

draw up, draft, form a contract – sepsat smlouvu ● make, conclude, fix a contract – uzavřít smlouvu ● enter into a contract – uzavřít smlouvu ● accept a contract – přijmout smlouvu ● cancel a contract – zrušit smlouvu ● affirm a contract – potvrdit smlouvu ● contract with sbd – smluvně se zavázat s někým ● comply with a contract, observe a contract – dodržet smlouvu ● fulfil a contract – splnit smlouvu ● renew a contract – obnovit smlouvu ● terminate a contract – vypovědět smlouvu ● sign a contract – podepsat smlouvu ● refer to the contract – odvolávat se na smlouvu ● the contract is in force from … – smlouva platí od … ● be bound by a contract – být vázán smlouvou ● be in breach of a contract – příčit se smlouvě ● break the terms of contract – porušit podmínky smlouvy ● withdraw from the contract, back out of a contract – odstoupit od smlouvy ● the contract goes into force … – smlouva vstupuje v platnost … ● the contract ends … – platnost smlouvy končí … ● according to the contract – podle smlouvy ● conclusion, formation of a contract – uzavření smlouvy ● contract terms and conditions – smluvní podmínky ● breach of a contract – porušení smlouvy ● duration of a contract – délka trvání smlouvy ● contractual territory – smluvní území ● subject of the contract – předmět smlouvy ● contract price – smluvní cena ● offer of a contract – návrh smlouvy ● modification of a contract – změna smlouvy ● non-fulfilment of a contract – nesplnění smlouvy ● under a contract – podle smlouvy ● purchase contract – kupní smlouva ● discharge of the contract – zánik smlouvy jejím splněním ● invalidity of a contract – neplatnost smlouvy ● written / verbal contract – písemná / ústní smlouva ●

PRICE   CENA

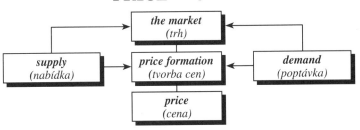

Rozšiřte si slovní zásobu:

accept a price – přijmout cenu ● change a price – změnit cenu ● charge a price – účtovat cenu ● fetch, achieve a price – docílit cenu ● quote, specify a price – uvést cenu ● calculate a price – vypočítat cenu ● form a price – tvořit cenu ● maintain the prices – udržovat ceny ● raise a price – zvyšovat cenu ● lower a price – snižovat cenu ● establish, fix, determine a price – stanovit cenu ● compare a price – porovnat cenu ● bargain for a price, haggle over a price – smlouvat o cenu ● agree on a price – shodnout se na ceně ● the price makes ... – cena dělá ... ● prices are quoted for ... – ceny se rozumějí ... ● the price includes ... – cena zahrnuje ... ● the price is on the move – cena se pohybuje ● the price fluctuates – cena kolísá ● prices rise, climb – ceny stoupají ● include in the price – zahrnout do ceny ● included in the price – zahrnuto v ceně ● sell below price – prodávat pod cenou ● prices are falling – ceny klesají ● boost a price – hnát cenu nahoru ● buy at a price – kupovat za mnoho peněz ● be pricey – být drahý ● sell below cost price – prodávat pod výrobní cenou ● stick out for the highest price – trvat na nejvyšší ceně ● price out of the market – nabízet za příliš vysokou neprodejnou cenu ● agreed price – dohodnutá cena ● buying, purchase price – nákupní cena ● competition price – konkurenční cena ● contract price – smluvní cena ● market price – tržní cena ● negotiated price – ujednaná cena ● price agreement – cenová dohoda ● price charged – účtovaná cena ● price invoiced – fakturovaná cena ● price tag, price ticket – cenovka ● retail / wholesale price – malo- / velkoobchodní cena ● price negotiations – cenová jednání ● increase in prices – zvýšení cen ● price surcharge – přirážka k ceně ● price reduction – sleva z ceny ● price list – ceník ● price level – cenová hladina ● development of prices – vývoj cen ● price decline, drop in prices – pokles cen ● price freeze – zmrazení cen ● bottom price, minimum price – nejnižší cena ● price of production, factory price – výrobní cena ●

CENOVÁ JEDNÁNÍ

Would you please quote your best price and terms of payment?

Uvedli byste prosím Vaši nejlepší cenu a platební podmínky?

I cannot react to the price until I know more details.

Nemohu se vyjádřit k ceně, do kud nebudu znát více podrobností.

We grant a trade discount of 30% on our list prices.

Na naše ceníkové ceny poskytujeme 30% slevu.

If you buy 500 pieces then we would offer a discount.

Pokud koupíte 500 kusů, potom bychom poskytli slevu.

If you buy 2000 kilogrammes then I would be prepared to consider a discount.

Pokud koupíte 2000 kilogramů, pak bych byl připraven zvážit slevu.

I would agree provided, that you pay in advance.

Souhlasil bych za předpokladu, že zaplatíte předem.

If you offer a discount of 20 %, I would consider buying a larger quantity.

Pokud nabídnete slevu ve výši 20 % zvažoval bych koupi většího množství.

Cash payments within 14 days are subject to a discount of 3 %.

Na placení v hotovosti do 14 dnů je poskytnuta sleva ve výši 3 %.

If we were to think about a larger order, we would require a substantial discount.

Kdybychom měli přemýšlet o větší objednávce, požadovali bychom výraznou slevu.

I agree to that, provided the price doesn't increase.

Souhlasím s tím, za předpokladu, že se cena nezvýší.

I can agree to that with the proviso that the price doesn't increase.

Mohu s tím souhlasit za podmínky, že se cena nezvýší.

I am sorry but I can't accept your payment terms.

Je mi líto, ale nemohu přijmout Vaše platební podmínky.

We couldn't agree to that unless the price comes down.

Nemohli bychom s tím souhlasit dokud cena nepůjde dolů.

We believe you will be able to cut down the prices somewhat.

Věříme, že budete moci o něco snížit ceny.

We won't be able to reach agreement unless the price is reduced.	Nebudeme schopni dosáhnout dohody, dokud nebude cena snížena.
Would you explain to me how you arrived at that price, please?	Vysvětlit byste mi, prosím jak jste došel k té ceně?
Could we talk about the discount you are prepared to offer?	Mohli bychom hovořit o slevě, kterou jste připraveni nabídnout?
I'd like to know if you are prepared to grant us a special discount.	Rád bych věděl, zda jste připraveni nám poskytnout zvláštní slevu.
Provided you can grant a discount we can go ahead.	Za předpokladu, že můžete poskytnout slevu, můžeme pokračovat.
If you settle promptly, we will give you a five per cent discount.	Pokud se dohodnete rychle, dáme Vám 5% slevu.
We are unable to grant you a discount of 7 %, we are ready to allow 5 %.	Nemůžeme Vám poskytnout slevu 7 %, jsme připraveni Vám dát slevu 5 %.
If you quarantee no price increase for 12 months we will …	Pokud zaručíte, že cena nestoupne 12 měsíců, budeme …
Will you make immediate payment if we quarantee a five per cent discount?	Zaplatíte ihned, pokud zaručíme slevu pět procent?
If you lower the price then we may be able to …	Pokud snížíte cenu potom bychom mohli …
Our prices will not change within the next few months.	Naše ceny se nezmění během několika příštích měsíců.
We shall compare your prices and if satisfied, we will send you the order.	Porovnáme Vaše ceny a pokud budeme spokojeni, zašleme Vám objednávku.
From our payment terms you can see that we are cheaper than our competitors.	Z našich platebních podmínek můžete vidět, že jsme levnější než naše konkurence.

We cannot agree to higher prices in any event.	V žádném případě nemůžeme přistoupit na zvýšení cen.
Sorry, but I can't cut our prices any further.	Je mi líto, ale nemohu naše ceny dále snížit.
What is the basis for your calculations?	Co je základem Vašich kalkulací?
Prices include freight, insurance and our profit.	Ceny zahrnují dopravné, pojištění a náš zisk.
The prices are quoted for quantities not less than …	Ceny jsou kalkulovány na množství ne méně než …
You must lower prices unconditionally.	Musíte bezpodmínečně snížit ceny.
I am afraid I can't lower the price, I have my instructions.	Bohužel nemohu snížit cenu, mám své instrukce

PRICE REDUCTION, REBATE, DISCOUNT

SLEVA Z CENY, RABAT

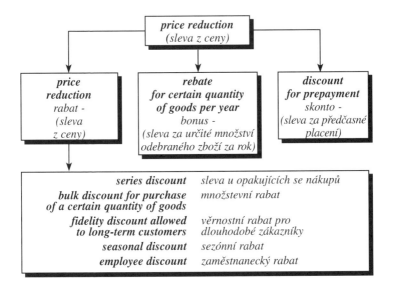

price reduction
(sleva z ceny)

price reduction *rabat -* *(sleva* *z ceny)*	**rebate** **for certain quantity** **of goods per year** *bonus -* *(sleva za určité množství* *odebraného zboží za rok)*	**discount** **for prepayment** *skonto -* *(sleva za předčasné* *placení)*

series discount	*sleva u opakujících se nákupů*
bulk discount for purchase **of a certain quantity of goods**	*množstevní rabat*
fidelity discount allowed **to long-term customers**	*věrnostní rabat pro* *dlouhodobé zákazníky*
seasonal discount	*sezónní rabat*
employee discount	*zaměstnanecký rabat*

Rozšiřte si slovní zásobu:

offer a rebate – nabídnout slevu ● calculate a rebate – vypočítat slevu ● establish, set a rebate – stanovit slevu ● grant, extend, allow, give a discount – poskytnout slevu ● obtain a rebate – získat rabat ● standardize a rebate – sjednat rabat ● demand a rebate – požadovat rabat ● promise a rebate – slíbit rabat ● sell / buy at a discount – prodávat / kupovat se slevou ● calculation of a rebate – výpočet rabatu ● amount of a rebate – částka rabatu ● granting a rebate – poskytnutí rabatu ● ban on granting a rebate – zákaz poskytovat rabat ● claim for a rebate – nárok na rabat ● setting of a rebate – stanovení rabatu ● cash discount – sleva při hotovém placení ● discounted goods – zlevněné zboží ● extra discount – zvláštní sleva ● discount for prepayment – sleva za předčasné placení (skonto) ● seasonal discount – sezónní sleva ● bulk discount, volume discount – množstevní sleva ● series discount – sleva u opakujících se nákupů ● fidelity discount – věrnostní sleva pro dlouhodobé zákazníky ● purchase discount – sleva při nákupu ● employee discount – zaměstnanecká sleva ● discount store – obchod s levným zbožím ●

PAYMENT TERMS

PLATEBNÍ PODMÍNKY

free of charge	zdarma
cash payment in advance (C.I.A.)	placení v hotovosti předem
cash with order	placení současně s objednávkou
pay by cheque	platit šekem
payment in advance, prepaid (ppd.)	placení předem
pay in cash after receiving the goods	platba hotově po obdržení zboží
discount of 3% by cash payment within 14 days	sleva 3%při hotovém placení do 14 dnů
on a cash basis by irrevocable L/C	hotově neodvolatelným akreditivem
discount of 10% for payment within 30 days of invoice date	sleva 10% při placení do 30 dnů od data faktury
documents against payment (D/P)	dokumenty proti placení
open an irrevocable L/C in sb's favour for the sum of...	otevřít neodvolatelný akreditiv v něčí prospěch na částku...
L/C payable against documents	akreditiv splatný proti dokladům
cash against documents (c.a.d.)	platba v hotovosti proti dokumentům
cash collect on delivery (c.o.d.)	platba při odeslání nebo obdržení zboží
cash on shipment (c.o.s.)	platba při odeslání zboží lodí
pay on delivery (P.O.D.)	platba při dodání zboží
pay by bank transfer to the account...	platba bankovním převodem na účet...
by banker's guaranty of the...Bank	bankovní zárukou...banky

VIII. KAPITOLA

ORDER   OBJEDNÁVKA

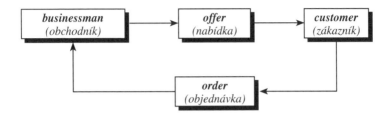

Rozšiřte si slovní zásobu:

to order – na objednávku ● cancel an order – zrušit objednávku ● accept an order – přijmout objednávku ● book the order – poznamenat si objednávku ● confirm the order – potvrdit objednávku ● execute the order – vyřídit objednávku ● fulfil an order – vyřídit objednávku ● give an order for sth – udělit objednávku čeho ● place an order – zadat objednávku ● make to order – dělat na objednávku ● as per order – podle objednávky ● influx of orders – příval objednávek ● advance order – předběžná objednávka ● definite, firm order – závazná objednávka ● goods on order – objednané zboží ● written, mail order – písemná objednávka ● rush order – objednávka k okamžitému dodání ● trial order – zkušební objednávka ● made to order – dělaný na objednávku ● order book – kniha objednávek ● order form – objednávkový formulář ●

JEDNÁNÍ O DODACÍCH PODMÍNKÁCH BALENÍ, POJIŠTĚNÍ ...

Delivery periods are too short.	Dodací termíny jsou příliš krátké.
Delivery dates must be delayed at least two months.	Dodací termíny musí být nejméně o dva měsíce posunuty.
Because of heavy demands we cannot promise shipment in December.	Kvůli velké poptávce nejsme schopni slíbit dodávku v prosinci.

Delivery can be affected at the earliest possible date.	Dodání se může uskutečnit v nejbližším možném termínu.
We are able to offer you firm for immediate delivery …	Můžeme Vám závazně nabídnout k okamžité dodávce …
To our regret we are unable to promise delivery in this month because …	Bohužel nemůžeme slíbit dodávku v tomto měsíci, protože …
You really must observe the term of delivery we agreed upon.	Musíte ale sjednanou dodací lhůtu skutečně dodržet.
Our terms of delivery are comparable to those of the competition.	Naše dodací podmínky jsou srovnatelné s konkurenčními.
We can deliver goods from stock.	Můžeme dodávat zboží ze skladu.
We can promise shipment within 3-4 weeks from receipt of your order.	Můžeme přislíbit odeslání během 3-4 týdnů po obdržení Vaší objednávky.
We do not charge anything for packing.	Neúčtujeme nic za balení.
The freight will be paid by the consignee.	Doprava bude hrazena příjemcem.
The insurance will be covered by you.	Pojištění bude kryto Vámi.
We shall take care of insurance ourselves.	O pojištění se postaráme my.
Please arrange insurance against all risks for this shipment.	Zařiďte prosím pojištění proti všem rizikům pro tuto zásilku.
The insurance cover should be from warehouse to warehouse.	Pojistné krytí by mělo být ze skladu do skladu.
The goods must be ready for delivery within one month from today.	Zboží musí být připraveno k dodání do jednoho měsíce ode dneška.
We'd like to order for prompt delivery the following items:	Rádi bychom objednali k okamžitému dodání následující položky:

All the items are in stock so that we can guarantee immediate dispatching.	Všechny položky máme na skladě, takže můžeme zaručit okamžité odeslání.
Please see to the careful packing of the consignment.	Dohlédněte prosím na pečlivé zabalení dodávky.
We trust that you will execute this order according to our instructions.	Věříme, že vyřídíte tuto objednávku podle našich instrukcí.
The goods can be sent by air (by lorry).	Zboží může být zasláno letecky (nákladním autem).
We will be able to deliver to your firm in the stipulated time.	Budeme moci dodat do vaší firmy ve sjednaném čase.
The conditions of delivery are the same as those mentioned in our last contract.	Dodací podmínky jsou stejné jako ty uvedené v naší poslední smlouvě.
The shipping documents will be handed to you by the … bank in …	Dopravní dokumenty Vám budou předány … bankou v …
The invoice must be properly filled out and witnessed.	Faktura musí být řádně vyplněna a osvědčena.

TERMS
OF DELIVERY

DODACÍ
PODMÍNKY

Incoterms - (International Commercial Terms)
- soubor pravidel pro výklad nejdůležitějších dodacích doložek
- platí tehdy, jestliže se na jejich použití strany dohodnou

V mezinárodním obchodě se používají pouze anglické zkratky
či výrazy.

Ex Works	EXW	ze závodu
Free Carne	FCA	vyplaceně dopravci
Free Alongside Ship	FAS	vyplaceně k boku lodi
Free on Board	FOB	vyplaceně loď
Cost and Freight	CFR	náklady a přepravné
Cost, Insurance, Freight	CIF	náklady, pojistné, dopravné placeny
Carriage Paid To	CPT	přeprava placena do
Carriage and Insurance Paid To	CIP	dopravné a pojistné placeno do
Delivered at Frontier	DAF	s dodáním na hranici
Delivered Ex Ship	DES	s dodáním z lodi
Delivered Ex Quay	DEQ	s dodáním z nábřeží
Delivered Duty Unpaid	DDU	s dodáním clo neplaceno
Delivered Duty Paid	DDP	s dodáním clo placeno

EXW, CPT, CIP, DAF, DDU a DDP jsou obecně používány pro ja-
kýkoliv druh dopravy.

FAS, FOB, CFR, CIF, DES a DEQ jsou používány pro námořní
a říční dopravu.

INSURANCE   POJIŠTĚNÍ

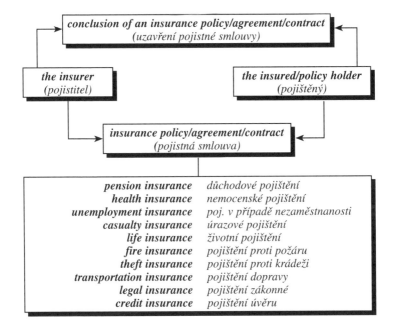

conclusion of an insurance policy/agreement/contract
(uzavření pojistné smlouvy)

the insurer
(pojistitel)

the insured/policy holder
(pojištěný)

insurance policy/agreement/contract
(pojistná smlouva)

pension insurance	důchodové pojištění
health insurance	nemocenské pojištění
unemployment insurance	poj. v případě nezaměstnanosti
casualty insurance	úrazové pojištění
life insurance	životní pojištění
fire insurance	pojištění proti požáru
theft insurance	pojištění proti krádeži
transportation insurance	pojištění dopravy
legal insurance	pojištění zákonné
credit insurance	pojištění úvěru

Rozšiřte si slovní zásobu:

insure against ...– pojistit proti ... ● effect insurance – uzavřít pojištění ● offer insurance – nabídnout pojištění ● increase insurance – zvýšit pojištění ● renew insurance – obnovit pojištění ● cancel insurance – vypovědět pojištění ● take out insurance – sjednat pojištění ● cover a loss by insurance – krýt škodu pojištěním ● be insured with the Insurance Company– být pojištěn u pojišťovacího ústavu ● be insured for $1000 – být pojištěn na 1000,- dolarů ● the insurance is in force from ... – pojištění začíná platit od ... ● arrange insurance – dát pojistit ● conclude contractual insurance – uzavřít smluvní pojištění ● conclusion of an insurance agreement (contract) – uzavření pojistné smlouvy ● the insurer – pojistitel ● the insured, policy holder – pojištěný ● insurance policy – pojistka ● insurance company – pojišťovna ● insurance terms and conditions – pojistné podmínky ● commencement of insurance coverage – počátek pojistného krytí ● termination of insurance coverage – konec pojistného krytí ● term of insurance coverage – délka pojistného krytí ● insured event – pojistná událost ● insured amount – pojistná částka ●

IX. KAPITOLA

DELIVERY   DODÁVKA

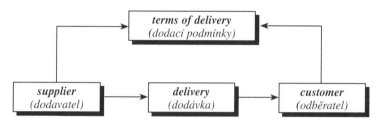

terms of delivery
(dodací podmínky)

supplier
(dodavatel)

delivery
(dodávka)

customer
(odběratel)

Rozšiřte si slovní zásobu:

obtain delivery – obdržet dodávku ● suspend, interrupt delivery – přerušit dodávku ● refuse to take delivery – odmítnout převzít dodávku ● negotiate delivery – sjednat dodávku ● agree on delivery – shodnout se na dodávce ● make a claim in regard to delivery – reklamovat dodávku ● speed up, accelerate, rush delivery – urychlit dodávku ● stop delivery – zastavit dodávku ● terminate delivery – vypovědět dodávku ● keep, maintain delivery – dodržet dodávku ● take delivery – převzít dodávku ● order delivery – zadat dodávku ● postpone delivery – odsunout dodávku ● effect delivery – uskutečnit dodávku ● delay delivery – zpozdit dodávku ● pay on delivery – platit při dodání ● promise delivery – přislíbit dodávku ● delivery on term – dodávka v termínu ● delivery order – příkaz k dodání ● delivery terms – dodací podmínky ● cash delivery – dodávka za hotové ● replacement delivery – náhradní dodávka ● total delivery – celková dodávka ● delivery item – předmět dodávky ● quantity to be delivered – množství k dodání ● delivery price – dodací cena ● bill of delivery – dodací list ● contract for delivery – dodací smlouva ● delay of delivery – zpoždění dodávky ● trial delivery – zkušební dodávka ● partial delivery, split shipment – dílčí dodávka ● delivery of goods – dodávka zboží ● consignor, shipper, sender – odesílatel zásilky ● country of destination – země určení ● place of destination – místo určení ● delivery note – dodací list ● place of dispatch – místo odeslání ● deliver within the specified time – dodat v určeném čase ● specify delivery route – udat přepravní cestu ● shipping documents – průvodní doklady zboží ● advice of dispatch – odesílací návěští ● dispatch department – expediční oddělení ● goods in transit – zboží na cestě ●

ADVICE OF DISPATCH
ODESÍLACÍ NÁVĚŠTÍ

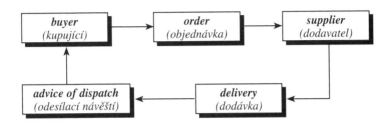

Rozšiřte si slovní zásobu:

consignor, shipper, sender – odesílatel zásilky ● country of destination – země určení ● place of destination – místo určení ● delivery note – dodací list ● date of shipment – datum odeslání ● place of dispatch – místo odeslání ● to deliver – dodat ● to load, to unload – naložit, vyložit ● to effect delivery – uskutečnit dodávku ● to deliver within the specified time – dodat v určeném čase ● to dispatch, to send off – odeslat, poslat ● to specify delivery route – udat přepravní cestu ● shipping documents – průvodní doklady zboží ● dispatch department – expediční oddělení ● goods in transit – zboží na cestě

Odesílací návěští obsahuje zprávu o odeslání zboží, připravenosti k odeslání nebo odebrání, platebních podmínkách:

In accordance with your instructions we shipped the following consignment of... by S.S. OHIO to your address today.

V souladu s Vašimi instrukcemi jsme zaslali následující zásilku... parníkem OHIO dnes na Vaši adresu.

Your order 65/91/67A is being shipped aboard S.S. Marion scheduled to sail 25th June.

Vaše zakázka 65/91/67A je nakládána na palubu parníku Marion, který má vyplout 25. června.

The consignment 789/BCA has been shipped today by S.S. OMARA sailing out of Rotterdam to your agent in Melbourne.

Zásilka 789/BCA byla dnes odeslána parníkem Omara plujícím z Rotterdamu k Vašemu zástupci do Melbourne.

We have today completed your order No... and are awaiting your shipping instructions.

Dnes jsme vyřídili Vaši objednávku č. ... a očekáváme Vaše naloďovací pokyny.

In the very near future you will receive the following consignment:

Velmi brzy obdržíte následující dodávku:

The goods can be sent by air from ... to ..., from there, they can be transported by lorry to ...

Zboží může být zasláno letecky z ... do ... a odtud může být přepraveno nákladním autem do ...

Shipment will be arranged so that the goods reach you in ample time for Christmas trade.

Zásilka bude vybavena tak, aby Vás zastihla v dostatečném předstihu před vánočním trhem.

We will be able to deliver to your factory in the stipulated time.

Budeme moci dodat do Vaší továrny ve sjednaném čase.

ODESÍLACÍ A PLATEBNÍ PODMÍNKY, PŘEPRAVNÍ DOKUMENTY, POJIŠTĚNÍ:

The conditions of delivery are the same as those mentioned in our contract of November 12.

Dodací podmínky jsou stejné jako podmínky uvedené v naší smlouvě z 12. listopadu.

In accordance with your instructions, we have prepared the first consignment to the value of...

V souladu s Vašimi instrukcemi jsme připravili první zásilku v hodnotě...

We are enclosing invoices in triplicate together with Customs declaration.

Přikládáme faktury ve trojím vyhotovení spolu s celním prohlášením.

Prices include freight, insurance and our profit.

Ceny zahrnují dopravné, pojištění a náš zisk.

The shipping documents will be handed to you by the... bank in... against settlement of the invoiced amount.

Dopravní doklady Vám budou předány... bankou v... proti zaplacení fakturované částky.

We shall take care of insurance ourselves.	O pojištění se postaráme.
Thc shipping documents will be delivered to you through the... bank against acceptance of a 20 days' sight draft.	Dopravní doklady Vám budou doručeny... bankou proti akceptaci 20ti denní směnky na viděnou.
The B/L is to be made in triplicate and we request to send all three copies to our address.	Akreditiv musí být vyhotoven třikrát a požadujeme zaslat všechny tři kopie na naši adresu.
Please accept this draft and remit it to the..., after this you are free to dispose of the documents as you wish.	Prosím akceptujte tuto směnku a zašlete ji..., poté můžete volně disponovat doklady jak si přejete.
The invoice must be properly filled out and witnessed.	Faktura musí být řádně vyplněna a osvědčena.

ZPOŽDĚNÍ DODÁVKY:

We cannot give you confirmation of dispatch as we are still negotiating with the suppliers, but we assure you that the confirmation will reach you by the next post.	Nemůžeme Vám předat potvrzení o odeslání zboží, protože stále ještě jednáme s dodavateli, ale ujišťujeme Vás že Vám, potvrzení dojde v příští poště.
We apologize for the delay in dispatch and hope that the consignment will reach you in time.	Omlouváme se za opožděné odeslání a doufáme, že Vám zásilka dojde včas.
We are now in a position to inform you that we shall not be able to deliver the goods in stipulated time.	Jsme nuceni Vás informovat, že nebudeme schopni dodat zboží v určeném čase.
Because of heavy demands we cannot promise shipment before 20th December 20..	Kvůli velké poptávce nejsme schopni slíbit dodávku před 20. prosincem 20..

X. KAPITOLA

COMPLAINT, CLAIM   REKLAMACE

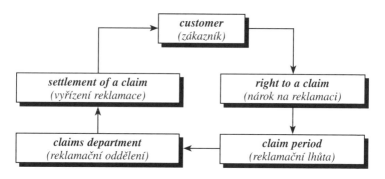

Rozšiřte si slovní zásobu:

acknowledge a claim – uznat reklamaci ● assert, set up a claim – uplatnit reklamaci ● bring complaints – předkládat stížnosti ● abandon a claim – upustit od reklamace ● file a complaint with sb – podat někomu reklamaci ● handle, settle a complaint – vyřídit reklamaci ● hear a complaint – projednávat reklamaci ● investigate a complaint – vyšetřit reklamaci ● resolve a claim – řešit reklamaci ● lodge a complaint about – reklamovat něco ● make a complaint – podat reklamaci ● reject, deny a complaint – odmítnout stížnost ● have a cause for complaint – mít důvod pro reklamaci ● make allowance for a claim – přihlédnout k reklamaci ● meet a complaint – vyhovět reklamaci ● claim in due time – reklamace ve stanovené lhůtě ● cause / ground for complaint – příčina / důvod reklamace ● goods under complaint – reklamované zboží ● legitimate complaint – oprávněná reklamace ● illegitimate complaint – neoprávněná reklamace ● letter of complaint – písemná reklamace ● well-founded claim – odůvodněná reklamace ●

REKLAMAČNÍ JEDNÁNÍ

Předkládání stížnosti:

I don't like to complain, but
I had a lot of trouble with …

Nerad si stěžuji, ale měl
jsem hodně nepříjemností s …

I am sorry, but I am not
at all satisfied with …

Bohužel nejsem vůbec
spokojen s …

I am not the sort of person
who normally complains, but …

Zpravidla si nestěžuji, ale …

Our clients are not satisfied
with the quality of the …

Naši klienti nejsou spokojeni
s kvalitou …

On unpacking the cases we have
found part of the goods
badly damaged.

Po rozbalení beden jsme
nalezli část zboží
dosti poškozenou.

The quality of the goods does not
correspond with that of the sample.

Jakost zboží neodpovídá
vzorku.

The goods are by no means up
to the standards asked for.

Zboží neodpovídá v žádném
případě požadovaným normám.

The consignment of … was
delivered 105 pieces short.

V zásilce … bylo
dodáno o 105 kusů méně.

We have to complain about
the way in which the consignment
has been packed.

Musíme reklamovat
způsob jakým byla
zásilka zabalena.

The damage has been caused
by rough handling in transit.

Škoda byla zapříčiněna nevhod-
ným zacházením při přepravě.

We are disappointed with
the execution of our order.

Jsme zklamáni
provedením naší zakázky.

Please send us replacement
for the damaged goods.

Zašlete nám prosím náhradu
za vadné zboží.

We can accept the goods only
on condition that a reduction
in price is granted.

Můžeme přijmout zboží pouze
za podmínky, že bude poskyt-
nuta sleva z ceny.

In these circumstances we are
forced to send the consignment
back to you.

Za těchto okolností jsme
nuceni Vám zásilku
zaslat zpět.

In view of these facts we claim
from you indemnity
to the amount of …

S přihlédnutím k těmto sku-
tečnostem od Vás požadujeme
náhradu škody ve výši …

We decline to bear
freight cost of the replacement.

Odmítáme nést dopravní
náklady náhradní dodávky.

There is a deficiency in weight
amounting to...

Je zde rozdíl ve váze,
který činí...

The enclosed Certificate of
Damage shows a damage certified
on arrival.

Přiložené potvrzení o škodě
vykazuje škodu, která byla
ověřena po příjezdu.

As the consignment is three
cases short, we request you kindly
to settle the deficiency.

Protože v zásilce je o tři bedny
méně, žádáme Vás o urovnání
rozdílu.

Omluva a návrh řešení:

I am sorry about this,
it's our fault.

Je mi to líto,
je to naše chyba.

Please accept our apologies
for the trouble caused.

Prosíme, abyste omluvili
potíže, které vznikly.

I'll look into the matter
immediately.

Okamžitě se o tuto záležitost
postarám.

We regret that you have reason
to complain of the delivery.

Litujeme, že máte důvod
k reklamaci dodávky.

We trust you will agree to
a reduction in the price
of this consignment.

Věříme, že budete souhlasit
se snížením ceny této
zásilky.

We are prepared to make
compensation for …

Jsme připraveni Vás
odškodnit za …

Return the damaged goods
at our expense.

Zašlete poškozené zboží zpět
na naše náklady.

The delay was caused by
circumstances beyond
our control.

Zpoždění bylo zapříčiněno
okolnostmi stojícími mimo
naši kontrolu.

We regret not having carried out
your order properly.

Omlouváme se, že jsme správně
nevyřídili Vaši objednávku.

We'll take all possible steps
to ensure that such a mistake
does not occur again.

Přijmeme všechny možné kroky
k zajištění toho, aby se taková
chyba už neopakovala.

We are sorry to learn that you
have felt it necessary to complain
about our last shipment of...

S lítostí se dozvídáme, že jste
považovali za nutné reklamovat
naši poslední dodávku...

We have investigated the matter
and have come to the following
conclusions:

Prošetřili jsme celou věc
a dospěli jsme k následujícím
závěrům:

The reason for delay has been
the difficulty in obtaining an
Export Licence.

Důvodem zpoždění bylo
nesnadné získání vývozní
licence.

A replacement consignment has
already been shipped to you.

Náhradní dodávka Vám byla již
zaslána.

The damage clearly occurred
after loading and must therefore
have taken place during the
voyage or at the port of destination.

Ke škodě jednoznačně došlo
po nalodění a muselo k ní proto
dojít během cesty nebo
v přístavu určení.

We are so pressed by orders
at the present that we cannot
deliver as promptly as we should
wish.

Jsme v současnosti tak zatíženi
objednávkami, že nemůžeme
dodávat tak rychle jak bychom
si přáli.

We are unable to grant you
a discount of 7%, we are ready
to allow 5% (per cent).

Nemůžeme Vám poskytnout
slevu 7%, jsme připraveni Vám
dát slevu 5%.

Some of our largest customers
have suspended payments
and this has resulted in our firm
having financial difficulties.

Někteří z našich velkých
zákazníků zastavili platby,
což mělo za následek finanční
potíže naší firmy.

Reklamace týkající se placení:

We have just been advised by our bank in... that you have not honoured our sight - draft for...

Bylo nám oznámeno naší bankou v..., že jste dosud neuhradili naši směnku na viděnou na... (částku)

We are sorry to find that our invoice of 10th July amounting to $ 600,- is still outstanding.

S lítostí zjišťujeme, že naše faktura z 10. července na částku 600,- dolarů ještě není uhrazena.

We informed you that our draft No 1234 for... due on 20th July had not yet been honoured.

Informovali jsme Vás o tom, že naše směnka č. 1234 na... splatná 20. července ještě nebyla uhrazena.

If we do not receive payment for this shipment by 20th November we shall have to stop all further supplies to you.

Neobdržíme-li úhradu za tuto dodávku do 20. listopadu, budeme Vám muset zastavit všechny další dodávky.

Dear Sirs,

The 2.000 perfume bottles ordered by us on 21st June and about which we wrote to you on 6th August urging delivery, reached us yesterday.

On unpacking the cases we have found part of the bottles badly damaged. The damage appears to have been caused solely by rough handling in transit.

The colour of the bottles does not conform to the sample upon which the order was based. We have ordered colour No. 75 - dark blue and you have delivered No. 65 - dark green

We can accept this consignment only on condition that an adequate reduction in price is granted, and we suggest one third of the price would be a reasonable figure.

Please confirm your willingness to agree to this reduction, and on receipt of it we shall remit the balance of the invoiced price.

Yours faithfully,

---

to urge delivery – požadovat dodávku ● badly damaged – dosti poškozené ● rough handling – nevhodné zacházení ● does not conform – neodpovídá ● accept this consignment – přijmout tuto dodávku ● an adequate reduction – odpovídající sleva ● reasonable figure – rozumná částka ● confirm your willingness – potvrďte svou ochotu ● remit the balance...price – převést zůstatek účtované částky ●

LEGAL PROCEEDINGS
SOUDNÍ JEDNÁNÍ

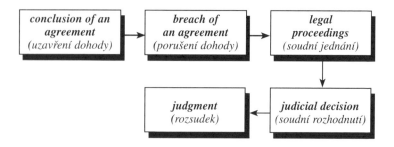

conclusion of an agreement *(uzavření dohody)* → **breach of an agreement** *(porušení dohody)* → **legal proceedings** *(soudní jednání)* → **judicial decision** *(soudní rozhodnutí)* → **judgment** *(rozsudek)*

Rozšiřte si slovní zásobu:

abolish - zrušit zákonem ● accuse – obžalovat ● accused – obžalovaný ● admissible – přípustný (u soudu) ● appeal – odvolání (k soudu vyšší instance) ● appelant – odvolávající se osoba ● arbitration – arbitráž ● arbitrator – rozhodčí ● arrest – zatčení ● barrister – obhájce, právní zástupce ● breach (of contract) – porušení (smlouvy) ● bribery and corruption – podplácení a korupce ● burglary – vloupání ● charge – obvinění, obvinit ● commit sth - spáchat něco, dopustit se něčeho ● condemn sb – odsoudit někoho ● convict – odsouzený ● convict sb of sth – usvědčit někoho z něčeho ● costs – soudní výdaje ● court – soud ● crime – zločin ● criminal – zločinec ● damages – náhrada škody, odškodnění ● defence – obhajoba ● defendant – obžalovaný ● dismiss – zamítnout ● legal dispute – soudní pře ● evidence – důkaz, svědectví ● fine – pokuta, pokutovat ● guilty (not guilty) – vinen (nevinen) ● hearing – slyšení ● illegal – nelegální ● imprison – uvěznit ● imprisonment – uvěznění ● issue – sporný bod ● judge – soudce ● judgment – rozsudek ● judicial decision – soudní rozhodnutí ● jury – porota ● law – zákon ● lawyer – právník, advokát ● legal – legální, zákonný ● liability – zodpovědnost ● liable – zodpovědný ● party to the case – soudní strana ● plaintiff – žalobce ● plead guilty – přiznat vinu ● probation – podmínka ● proceedings against sb – soudní řízení proti někomu ● prosecution – žaloba, soudní stíhání ● prosecutor – žalobce ● recover – být odškodněn ● remand in custody – poslat zpět do vazby ● sentence – rozsudek, odsoudit ● settlement – dohoda ● solicitor – právní zástupce ● sue – soudně se domáhat, žalovat ● tort – přečin ● trial – soudní přelíčení ● unlawful – nezákonný ● warrant – zatykač ●

Jednání u soudu:

This law was abolished in 1990.	Tento zákon byl zrušen v roce 1990.
They were accused of corruption.	Byli obžalováni z korupce.
The accused was found guilty.	Obžalovaný byl shledán vinným.
He appealed against conviction.	Odvolal se proti trestu.
He was arrested for unlawful possession of drugs.	Byl zatčen kvůli nezákonnému držení drog.
His refusal to work on a Sunday was a breach of a contract.	Jeho odmítnutí pracovat v neděli bylo porušením smlouvy.
He faces several charges of theft.	Čelí několika obviněním z krádeže.
The manager was arrested and charged with bribery and corruption.	Manažer byl zatčen a obviněn z podplácení a korupce.
She has committed a crime.	Spáchala kriminální čin.
John was imprisoned for a EUR 100.000 fraud in which he sold products that didn´t exist.	John byl uvězněn kvůli podvodu za 100.000 EUR za prodej výrobků, které neexistovaly.
The judge condemned the terrorists to life imprisonment.	Soudce odsoudil teroristy k doživotnímu vězení.
He has been twice convicted of robbery.	Byl dvakrát odsouzen za krádež.
The party which loses usually has to pay costs for both sides.	Strana, která prohraje obvykle musí zaplatit náklady soudního řízení ze obě strany.
The court awarded the plaintiff EUR 5000 in damages.	Soud přiznal žalobci náhradu škody ve výši 5000,- Euro.
The defendant was found guilty and fined CZK 150.000.	Obžalovaný byl shledán vinným a pokutován ve výši 150.000,- Kč.
The plaintiff sued the defendant for damages for breach of contract..	Žalobce se soudně domáhal u žalovaného náhrady škody za porušení smlouvy.

The appeal of our company was dismissed.	Odvolání naší firmy bylo zamítnuto.
He was found guilty and sentenced to three years´ imprisonment.	Byl shledán vinným a odsouzen ke třem letům vězení.
The hearing is next Monday at the Supreme Court.	Slyšení je příští pondělí u Nejvyššího soudu.
The main issue in the case is who should pay costs.	Hlavním sporným bodem v případu je to kdo by měl platit náklady.
Both parties were satisfied with the judicial decision.	Obě strany byly spokojeny se soudním rozhodnutím.
The supplier admitted liability for the accident.	Dodavatel přiznal zodpovědnost za nehodu.
Peter took proceedings against his employer.	Peter zahájil soudní řízení proti svému zaměstnavateli.
The plaintiff recovered EUR 5000 in damages.	Žalobce byl (rozhodnutím soudu) odškodněn částkou 5000,- Euro.
The parties reached a private settlement.	Strany dosáhly mimosoudního urovnání sporu.
The case was sent for trial at the Supreme Court.	Případ byl zaslán k projednání k Nejvyššímu soudu.
The judge had issued an arrest warrant.	Soudce vydal zatykač.

XI. KAPITOLA

BUSINESS AGENT
OBCHODNÍ ZÁSTUPCE

COMMISSION   PROVIZE

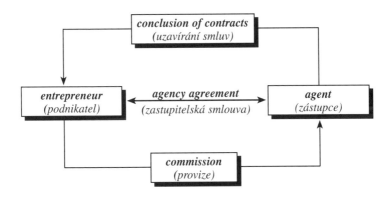

Rozšiřte si slovní zásobu:

act on a commission basis – jednat na bázi provize ● allow a commission – poskytnout provizi ● claim a commission – požadovat provizi ● reduce a commission – snížit provizi ● sale on commission – prodej na provizi ● charge a commission – vyúčtovat provizi ● receive, get a commission – dostávat provizi ● be paid on / by commission – být placen provizí ● legitimate commission – oprávněná provize ● net / gross commission – netto / brutto provize ● sliding commission – proměnná provize ● commission agent – zástupce na provizi ● commission business – obchod na provizi ● goods in commission – zboží v komisi ● act as a selling agent – jednat jako zástupce pro prodej ● appoint an agent – jmenovat zástupce ● act on sb's behalf – jednat něčím jménem, v zastoupení koho ● sole/exclusive agent – výhradní zástupce ● business agent – obchodní zástupce ● insurance agent – pojišťovací agent ● estate agent – realitní agent ●

ZÍSKÁNÍ A JMENOVÁNÍ OBCHODNÍHO ZÁSTUPCE:

We are looking for a reliable and capable local agent to act for us on a commission basis.

Hledáme spolehlivého a schopného místního zástupce, který by pro nás pracoval na bázi provize.

We are approaching you with an offer to act on our behalf.

Obracíme se na Vás s nabídkou jednat naším jménem.

Please let us know on what conditions you would undertake this service for us.

Dejte nám prosím vědět za jakých podmínek byste se této služby ujal.

We should expect you to investigate the probable market and also act as our selling agent.

Očekáváme, že prozkoumáte možný trh a budete jednat jako náš prodejní zástupce.

We know that you deal in... and we'd like to know if you are interested in marketing our products on a commission basis.

Víme, že obchodujete s... a chtěli bychom vědět zda máte zájem prodávat naše výrobky na bázi provize.

We should like to appoint an agent in... so as to maintain a closer touch with our customers.

Chtěli bychom jmenovat zástupce v..., abychom udrželi těsnější kontakt se svými zákazníky.

Závazky vyplývající ze spolupráce:

Please be kind enough to act on our behalf in this affair and let us know, as soon as possible the result of it.

Buďte prosím tak laskavi a jednejte v této záležitosti naším jménem, dejte nám vědět pokud možno co nejdříve výsledek.

We firmly believe that you will be active enough to overcome the difficulties of introducing our products into the local market.

Pevně věříme, že svou aktivitou překonáte potíže spojené se zaváděním našich výrobků na místní trh.

We hope you will do your best to create a good demand for our products on your market.

Doufáme, že uděláte to nejlepší, abyste vytvořili dobrou poptávku po našich výrobcích na Vašem trhu.

More samples will be sent to you on request.

Na požádání Vám bude zasláno více vzorků.

This agreement is to be in force for ten months.

Tato smlouva má platnost 10 měsíců.

POSKYTOVÁNÍ A VÝPOČET PROVIZE:

We are willing to allow you a commission of 7 per cent on net sales.

Jsme ochotni Vám poskytnout provizi ve výši 7% z čistého prodeje.

You may claim commission only after full payment of the invoiced amount.

Smíte požadovat provizi pouze po plném zaplacení fakturované částky.

We are enclosing our cheque for... as reimbursement for the charges paid by you.

Přikládáme náš šek ve výši... jako krytí Vámi placených poplatků.

Owing to the bad state of the market we have been obliged to reduce your commission from 6 to 4 per cent.

Vzhledem k špatné situaci na trhu jsme nuceni snížit Vaši provizi z 6 na 4%.

Dear Mr Greenwood,

We are in full agreement with your letter of 10th September and hereby appoint you our general agent for Sweden. We undertake to transact all business with that country through you alone, in return you will look after our interests to the best of your ability in the whole of Sweden, and this, if necessary, through sub-agents to be appointed by you.

We are particularly keen on developing our trade in the district of Stockholm, we expect you to make considerable efforts to further our interests in that region.

We cannot, at present, contribute directly to expenses, but we shall allow you $ 500,- per month to enable you to establish and maintain a showroom for our firm. We are also prepared to let you have some samples to the total value of $ 2.000,- free of charge, such samples remaining the property of our firm.

We request you to be particularly careful in granting credit. For further details as to terms please refer to the enclosed contract.

Yours faithfully,

---

we are in... with – plně souhlasíme s ● appoint you our – Vás jmenujeme naším ● we undertake... all business – zavazujeme se realizovat všechny obchody ● look after... ability – budete zastávat naše zájmy podle svých nejlepších schopností ● sub-agent – podzástupce ● we are particularly keen on – zvláště nám záleží ● make considerable efforts – vyvinout značné úsilí ● contribute directly to expenses – přímo se podílet na nákladech ● enable you... for our firm – abychom Vám umožnili zřídit a udržovat výstavní prostor pro naši firmu ● samples to... of charge – vzorky v hodnotě..., zdarma ● remaining... our firm – zůstávají vlastnictvím naší firmy ●

ADVERTISEMENT, ADVERTISING
REKLAMA

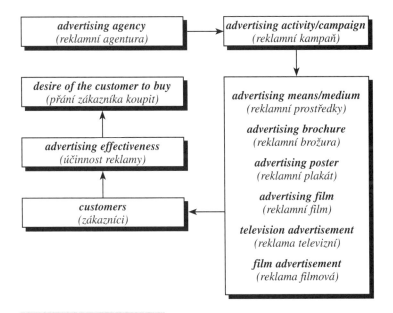

Rozšiřte si slovní zásobu:

run advertising (advertisements), advertise – dělat reklamu ● engage in advertising – provádět reklamu ● cover advertising from one's own resources – krýt reklamu z vlastních prostředků ● ads are running – reklama běží ● targeted advertising – cílená reklama ● advertising agency – reklamní agentura ● advertising campaign, advertising activity – reklamní kampaň ● advertising means – reklamní prostředky ● advertising brochure – reklamní brožura ● advertising poster – reklamní plakát ● television advertisement – televizní reklama ● advertising effectiveness – účinnost reklamy ● advertising department – reklamní oddělení ● restriction of advertising – omezení reklamy ● advertising slogan – reklamní slogan ● prohibition of advertising – zákaz reklamy ● advertising expenses – výdaje na reklamu ● misleading advertising – klamavá reklama ● advertisement manager – šéf reklamy ● sales promotion – reklamní podpora prodeje ●

XII. KAPITOLA

BANK   BANKA

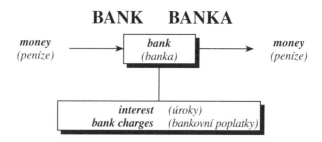

Rozšiřte si slovní zásobu:

have account with the …bank – mít peníze u …banky ● have money in the bank – mít peníze v bance ● bank the money – uložit peníze do banky ● open an account with a bank – otevřít si konto v bance ● make a deposit with a bank – deponovat peníze u banky ● close a bank account – zrušit bankovní účet ● draw a cheque on a bank – vystavit šek na banku ● bank with … – mít konto u … ● withdraw money from a bank – vyzvednout peníze z banky ● withdrawal – vyzvednutí peněz z banky ● pay by bank's order – platit bankovním příkazem ● advice by a bank – avízo banky ● bank account – bankovní účet ● bank agent – zástupce banky ● bank secret – bankovní tajemství ● bank credit – bankovní úvěr ● bank statement – bankovní výpis ● bank balance – stav bankovního účtu ● bank quarantee – bankovní záruka ● bank business – bankovní obchod ● bank branch – bankovní pobočka ● banking rules – bankovní pravidla ● bank transfer – bankovní převod ● banker's order – trvalý bankovní příkaz ● bank charges – bankovní poplatky ● interest rate – úroková sazba ● commercial bank – obchodní banka ● bank card – bankovní karta ●

JEDNÁNÍ V BANCE:

Where is the nearest bank, please?	Kde je nejbližší banka, prosím?
Is it possible for a foreigner to open an account here?	Je možné, aby si zde cizinec otevřel konto?
I'd like to open a current (bank) account.	Chtěl bych si otevřít běžný (bankovní) účet.

What commission do you charge?	Jak vysoký poplatek účtujete?
I'd like to pay money into my account.	Rád bych si uložil peníze na své konto.
I need to draw some money out of my account No…..	Potřebuji si vybrat nějaké peníze ze svého účtu č…..
Is the account kept free of charge?	Je účet veden bezplatně?
I'd like to take out a bank loan to start my own business.	Chtěl bych si vzít bankovní půjčku k zahájení vlastního podnikání.
Could you send the bank statement to my address?	Můžete zasílat bankovní výpis na mou adresu?
I'd like to close my bank account.	Chtěl bych zrušit svůj bankovní účet.
I need to transfer 1000 dollars to Commerzbank in Berlin.	Potřebuji převést 1000 dolarů do Commerzbank v Berlíně.
I would like to change some dollars.	Chtěl bych vyměnit dolary.
What's the exchange rate?	Jaký je směnný kurs?
Where can I buy dollars?	Kde mohu koupit dolary?
How many dollars are there to one euro?	Kolik dolarů je za jedno euro?
I'd like to cash traveller's cheques, please.	Chtěl bych směnit cestovní šeky, prosím.
Give me some small change, please.	Dejte mi nějaké drobné.
Can you send money direct to any bank of the world?	Můžete poslat peníze do jakékoliv banky ve světě?
I'd like to move my account to your bank.	Chtěl bych si přendat účet do Vaší banky.
I'd like to place a deposit of 1000 EUR at your bank.	Chtěl bych si uložit ve Vaší bance 1000 Euro.
Please give me details about your banking services.	Dejte mi prosím Váš podrobný přehled bankovních služeb.
I want my statement receive monthly at my business address.	Chci dostávat výpis měsíčně na firemní adresu.

The opening balance is 500 EUR and the current interest rate is 3%.

Počáteční zůstatek na účtu je 500 Euro a aktuální úroková sazba je 3%.

I'd like to withdraw/deposit cash.

Chtěl bych vybrat/uložit hotovost.

I want to transfer 500 EUR each month to the account of my tax consultant.

Chci převádět každý měsíc částku 500 Euro na účet mého daňového poradce.

Do you need copies of the company documents to complete the account opening formalities?

Potřebujete kopie firemních dokumentů k provedení otevření účtu?

Every cheque must have two authorised signatures.

Každý šek musí obsahovat dva podpisy oprávněných osob.

Our bank want the security before it will agree to the loan.

Naše banka chce mít záruku dříve než bude souhlasit s půjčkou.

It is good to have benefit when you want to borrow money for a business.

Je dobré mít zisk, když si chcete půjčit peníze na podnikání.

You are to inform us immediately of any change in your financial circumstances.

Musíte nás ihned informovat o jakékoliv změně vašich finančních poměrů.

Your account with our bank is 2000 EUR overdrawn.

Váš účet u naší banky je přečerpán o 2000 Euro.

Your overdraft limit is… .

Váš limit pro přečerpání je… .

CREDIT   ÚVĚR

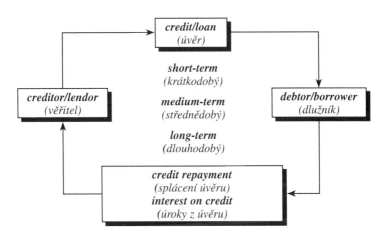

Rozšiřte si slovní zásobu:

cover credit – krýt úvěr ● extend credit – rozšířit úvěr ● request credit – požadovat úvěr ● give, grant credit – poskytnout, povolit úvěr ● open credit – otevřít úvěr ● use, employ credit – užívat úvěr ● make use of credit – čerpat úvěr ● withdraw credit – vypovědět úvěr ● give a credit extension – prodloužit úvěr ● pay in instalments – splácet ve splátkách ● give on credit – dávat na úvěr ● buy sth on credit – koupit něco na úvěr ● exceed the credit – překročit úvěr ● sell on good credit – prodávat na výhodný úvěr ● creditor – věřitel ● debtor – dlužník ● credit repayment – splácení úvěru ● interest on credit – úroky z úvěru ● bank credit – bankovní úvěr ● credit terms – úvěrové podmínky ● credit on goods – úvěr na zboží ● commercial credit – obchodní úvěr ● consumer credit – spotřební úvěr ● free-interest credit – bezúročný úvěr ● long-term / medium term / short-term credit – dlouhodobý / střednědobý / krátkodobý úvěr ● reimbursement of credit – krytí úvěru ● cancellation of credit – vypovězení úvěru ● credit card – úvěrová karta ● credit limit – úvěrový limit ● credit rating – ocenění zákazníka vyjadřující jeho schopnost splácet úvěr ● credit squeeze – období obtížného získání peněz od bank ● credit transaction – úvěrová transakce ● creditworthiness – úvěruschopnost ●

XIII. KAPITOLA

BOOKKEEPING   ÚČETNICTVÍ

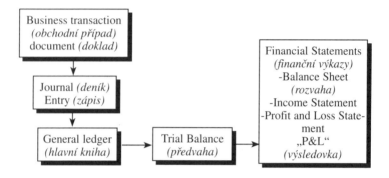

Rozšiřte si slovní zásobu:

set up books – založit účetní knihy ● keep the books – vést účetní knihy ● close the books – uzavřít účetní knihy ● record business transactions – zaznamenat obchodní případy ● prepare financial statements – připravovat finanční výkazy ● charge the amount – účtovat částku ● enter the amount – zanést částku ● issue an invoice (bill) – vystavit fakturu ● bill sb for sth – fakturovat komu za co ● the bills are due – faktury jsou splatné ● subtract the costs – odečíst náklady ● minimize the expenses – minimalizovat výdaje ● foot – sečíst částky účetních knih ve sloupcích ● post – převést částky z deníků do hlavní knihy ● the books are in balance – účetní knihy jsou vyrovnané ● journal – deník ● general ledger – hlavní kniha ● cash receipts journal – pokladní deník příjmový ● cash disbursements journal – pokladní deník výdajový ● trial balance – předvaha ● balance sheet – rozvaha ●Income Statement, Profit and Loss Statement – výsledovka ● single-entry accounting – jednoduché účetnictví ● double-entry accounting – podvojné účetnictví ● accounting period – účetní období ● end / beginning of an accounting period – konec / počátek účetního období ● accounting equation – zásada účetní rovnosti ● senior accountant – hlavní účetní ● accounting system – účetní systém ● set of books – sada účetních knih ● accounts receivable (A / R) – pohledávky, účty dlužníků ● accounts payable (A / P) – závazky, účty věřitelů ● past-due accounts – účty po lhůtě splatnosti ● entries – zápisy v účetních knihách ●

BALANCE SHEET   ROZVAHA

ASSETS Aktiva	**LIABILITIES AND CAPITAL** Pasiva a kapitál
Current Assets běžná aktiva	**Current Liabilities** krátkodobé závazky
Cash hotovost	Accounts payable závazky
Accounts receivable pohledávky	Wages payable mzdy
Inventory zboží na skladě	Total Current Liabilities krátkodobé závazky celkem
Prepaid Insurance zaplacené pojištění	**Long-Term Liabilities** dlouhodobé závazky
Total Current Assets běžná aktiva celkem	Bank Loan Payable úvěr u banky
Fixed Assets základní prostředky	Total Long-Term Liability dlouhodobé závazky celkem
Equipment stroje a zařízení	Total Liabilities pasiva celkem
Depreciation odpisy (odečíst)	**Capital** kapitál
Total Fixed Assets základní prostředky celkem	

TOTAL ASSETS Celkem aktiva	**=**	**TOTAL LIABILITIES/ CAPITAL** Celkem pasiva/kapitál

INCOME STATEMENT   VÝSLEDOVKA
(PROFIT AND LOSS STATEMENT)

For the Year Ended December 31, 2005

Sales	**Prodej**	**100**
Cost of Goods Sold	(náklady na prodané zboží)	
Beginning Inventory	(počáteční zásoba)	10
Add: Purchases	(přičíst nákupy)	30
Total	(celkem)	40
Less: Ending inventory	(minus konečná zásoba)	15
Cost of Goods Sold	(náklady na prodané zboží)	25
Gross Profit	**(hrubý zisk)**	**75**
Expenses	**(výdaje)**	
Advertising	(reklama)	8
Depreciation	(odpisy)	12
Insurance	(pojištění)	3
Payroll taxes	(daň ze mzdy)	5
Rent	(nájem)	5
Repairs and maintenance	(opravy a udržování)	7
Utilities	(služby)	12
Wages	(mzdy)	14
Total Expenses	**(celkové výdaje)**	**66**
Net Income	**(čistý zisk)**	**9**

XIV. KAPITOLA

KONVERZACE

Pozvání do restaurace:

Let's break and have a coffee, shall we?	Dejme si přestávku na kávu, ano?
Do you feel like having …?	Nemáte chuť na …?
May I offer you a cup of coffee?	Mohu Vám nabídnout šálek kávy?
Do you like tea, or would you prefer coffee?	Máte rád čaj nebo byste dal přednost kávě?
May I invite you for a drink?	Mohu Vás pozvat na skleničku?
Have you had lunch yet?	Už jste obědval?
Would you like to have dinner with us?	Chcete se s námi navečeřet?
We'll continue our negotiations after the lunch.	Po obědě budeme pokračovat v jednáních.
May we have dinner together?	Mohli bychom společně povečeřet?

Odmítnutí pozvání:

Not now, thanks. Maybe later.	Děkuji teď ne. Možná později.
I don't feel like eating yet.	Nemám ještě chuť k jídlu.
I am afraid I have to refuse your invitation but …	Bohužel musím odmítnout Vaše pozvání, ale …
No, thank you, I have already had dinner.	Děkuji, už jsem večeřel.
I am not hungry yet.	Ještě nemám hlad.
Thank you but I don't feel like eating at all.	Děkuji, ale nemám na jídlo ani pomyšlení.
Thank you, but I am afraid I can't, I am not feeling well.	Děkuji, ale bohužel nemohu, necítím se dobře.

| I wish I could but I've got something else on. | Rád bych, ale mám na programu něco jiného. |
| I am sorry, but I'll be very busy all day. | Omlouvám se, ale celý den budu velmi zaneprázdněn. |

Přijetí pozvání:

Yes, with pleasure.	Velmi rád.
Thank you for inviting me.	Děkuji za pozvání.
You are very kind.	Jste velmi laskav.
Thank you very much, I'd be delighted.	Děkuji, velice rád.
Thank you for the invitation. It'd be a pleasure.	Děkuji za pozvání. Velmi rád.

V restauraci:

Where would you like to sit?	Kam si chcete sednout?
Is this table free?	Je tento stůl volný?
Are these seats taken?	Jsou tu volná místa?
May I have the menu (wine-list), please?	Mohu dostat jídelní lístek (vinný lístek) prosím?
What shall we have?	Co si dáme?
What will you drink?	Co budete pít?
What would you like as a starter (main course, dessert)?	Co si dáte jako předkrm, (hlavní chod, dezert)?
What do you recommend?	Co nám doporučujete?
I'll have a snack only.	Dám si jenom něco malého.
Let's order some aperitifs first.	Objednáme si nejprve aperitiv.
Which wine do you prefer, white or red?	Máte raději bílé nebo červené víno?
Will you have some more wine?	Mohu Vám ještě nalít víno?
Just a little, thank you.	Jen trochu, děkuji.
Let's drink to our health! Cheers!	Připijme si na zdraví! Na zdraví!

Long may you live!	Ať slouží!
How do you like it?	Jak Vám to chutná?
Would you like to have a sweet?	Dáte si moučník?
No, thank you. I've had enough.	Ne, děkuji, už mám dost.
Would you like to have anything else?	Přejete si ještě něco jiného?
I'd like a cup of coffee with milk.	Dal bych si šálek kávy s mlékem.
May I offer you a cigarette?	Mohu Vám nabídnout cigaretu?
Thank you I am a nonsmoker.	Děkuji, jsem nekuřák.
Can I have the bill, please?	Mohu dostat účet?
We'd like to pay separately.	Chtěli bychom platit odděleně.

V hotelu:

Can you recommend me a good hotel?	Můžete mi doporučit dobrý hotel?
Can you recommend me a hotel in the centre of the town?	Můžete mi doporučit hotel v centru města?
Have you any vacancies?	Máte volné pokoje?
Can I have a double room with a bath (shower)?	Mohu dostat dvoulůžkový pokoj s koupelnou (sprchou)?
I'd like a quiet room with a balcony.	Chtěla bych klidný pokoj s balkonem.
Please book a single room for Mr Jones for three nights starting on 3 September.	Rezervujte laskavě panu Jonesovi jednolůžkový pokoj na tři noci od 3. září.
I'd like to reserve a room with a shower in the name of...	Chtěla bych rezervovat pokoj se sprchou na jméno ...
I'd like to book a single room with a shower from... to...	Chtěla bych objednat jednolůžkový pokoj se sprchou od... do...
Can I reserve a room by telephone?	Mohu rezervovat pokoj telefonem?

How much is a single room for one night?	Kolik stojí jednolůžkový pokoj na jednu noc?
Is breakfast included in the price?	Je v ceně zahrnuta snídaně?
How much is a half-board (full-board)?	Kolik stojí polopenze (plná penze)?
Should we pay in advance?	Máme platit předem?
By what time do we have to check out?	Do kolika hodin musíme uvolnit pokoj?
Please send us the confirmation of our order by fax or e-mail.	Zašlete nám prosím potvrzení naší objednávky faxem nebo e-mailem.

Objednávka pokoje v hotelu:

Dear Sirs,

I would like to book a single room at your hotel for the week of 19th-26th September. I require a room with a telephone, TV and a private bathroom with a shower.

I should be grateful if you would confirm my booking as soon as possible and if you could give me an indication of your rates per night including breakfast.

Should you have no vacancies, please could you give me the address of a suitable hotel in Liverpool area.

Yours faithfully,

to book a single room – rezervovat jednolůžkový pokoj ● confirm my booking – potvrdit mou rezervaci ● including breakfast – včetně snídaně ● of a suitable hotel – vhodného hotelu

Na nádraží:

Excuse me, where is the railway station?	Promiňte, kde je nádraží?
Excuse me, how can I get to the railway station?	Promiňte, jak se dostanu na nádraží?
Which railway station do the trains for London depart from?	Z kterého nádraží jedou vlaky do Londýna?
Is is an express (fast) train)?	Je to rychlík?
What time does the Liverpool train leave?	Kdy jede vlak do Liverpoolu?
What time does the first morning train leave for London?	Kdy jede první ranní vlak do Londýna?
When is the last train back to Bristol?	Kdy jede poslední vlak zpět do Bristolu?
I have missed my train. When does the next train for Brighton leave?	Ujel mi vlak. Kdy odjíždí příští vlak do Brightonu?
When is the London train due out?	Kdy má odjet vlak do Londýna?
When is the London train due in?	Kdy má přijet vlak z Londýna?
What time does the train arrive in Bristol?	Kdy je vlak v Bristolu?
Is it a through train?	Je to přímý vlak?
Is this the London train?	Je toto vlak do Londýna?
When is the next train to Liverpool?	Kdy jede další vlak do Liverpoolu?
Where do I have to change?	Kde musím přestupovat?
How long does the train stop here?	Jak dlouho tu vlak stojí?
Does this train stop at…?	Zastavuje tento vlak v…?
Is in Liverpool an immediate connection for London?	Máme v Liverpoolu přímé spojení do Londýna?
How long do we have to wait for the London connection?	Jak dlouho musíme čekat na přípoj do Londýna?

Are there sleeping cars on the train?	Jsou ve vlaku lůžkové vagóny?
Is there a dining car on the train?	Je ve vlaku jídelní vůz?
Where is the booking-office, please?	Kde se prodávají jízdenky?
How much is second class to London?	Kolik stojí druhá třída do Londýna?
Must I have a seat reservation for this train?	Musím mít místenku na tento vlak?
I'd like to book three seats on the four o'clock train to Brighton.	Chtěl bych tři místenky na vlak do Brightonu ve čtyři hodiny.
I'd like to make a reservation for a ticket in the name of…	Chtěl bych si rezervovat lístek na jméno…
Are we entitled to a group free discount on group travel?	Máme nárok na slevu jízdného pro skupinové cestování?
Is there any discount for students?	Je nějaká sleva pro studenty?
Where is the left luggage office, please?	Kde je úschovna zavazadel, prosím?
I'd like to leave this suitcase here till five o'clock.	Chtěl bych si zde do 5 hodin uschovat tento kufr.
Do I pay now or on withdrawal?	Platím teď nebo při vyzvednutí?
Excuse me, is there a free seat here?	Promiňte je tu volné místo?
Is this a nonsmoking compartment?	Je to oddělení pro nekuřáky?
May I smoke here?	Mohu zde kouřit?
May I open the window?	Mohu otevřít okno?
Would you keep the seat for me, please?	Prosím Vás, mohl byste mi podržet místo?

Na lodi:

| Where can I get ticket? | Kde si mohu koupit jízdenku? |

114

I'd like two tickets for boat going to Dover at seven o'clock in the morning.	Chtěl bych dva lístky na loď do Doveru v sedm hodin ráno.
I'd like to book two tickets for next Monday.	Chtěl bych si rezervovat dva lístky na příští pondělí.
How often does the ferry-boat go to Dover?	Jak často jezdí převozní člun do Doveru?
When do we land at Dover?	Kdy připlujeme do Doveru?
Is there a daily service on this line?	Je na této lince plavba každý den?
What time is the next boat?	V kolik hodin pluje další loď?
When does the boat for Oostende leave?	Kdy odjíždí převoz do Oostende?
Which pier does the boat for Oostende depart from?	Z kterého mola odplouvá loď do Oostende?
Can I disembark on the Isle of Wight?	Mohu vystoupit na ostrově Wight?
How much is the fare to Dover?	Kolik stojí jízdenka do Doveru?
How long does the passage take?	Jak dlouho trvá plavba?
I feel sick, have you got anything for seasickness?	Je mi špatně, máte něco proti mořské nemoci?

Na letišti:

I would like to book two seats on the Glasgow plane on the seventh of June.	Chtěl bych rezervovat dvě místa v letadle do Glasgowa na sedmého června.
Please, book two air-tickets for the New York plane for me, I'll call for them tomorrow.	Prosím, rezervujte mi dvě letenky na letadlo do New Yorku, vyzvednu si je zítra.
On what days can I fly by KLM and what are the times of Delta flights?	Ve které dny létá KLM a kdy Delta?
What days does the Paris plane fly?	Ve které dny létá letadlo do Paříže?

What time does the Liverpool plane take off?	V kolik hodin letí letadlo do Liverpoolu?
I'd like to book a chartered flight to Los Angeles.	Rád bych objednal zlevněnou letenku do Los Angeles.
Are there any seats on today's flight?	Máte ještě volná místa na dnešní let?
Are there any seats on the next flight?	Nebylo by volné místo v dalším letadle?
Is it a non-stop flight?	Je to přímý let?
Is there any intermediate landing?	Má letadlo mezipřistání?
How long does the flight take?	Jak dlouho trvá let?
I'll come and pay tomorrow when I collect the air-tickets.	Zítra přijdu zaplatit a vyzvednu si letenky.
How much is an air-ticket, business class, please?	Kolik stojí letenka třídy business?
Can you endorse my flight to Melbourne?	Můžete mi potvrdit let do Melbourne?
At what time do we have to check in at the airport?	V kolik hodin musíme být na letišti odbaveni?
What is the allowed weight for luggage?	Jaká je povolená váha zavazadla?
What is the charge for excess weight?	Co se platí za nadváhu?
Is smoking allowed on the plane?	Smí se v letadle kouřit?
How long do we have to wait for the Toronto plane?	Jak dlouho musíme čekat na spojení do Toronta?
When do I have to pay airport charges?	Kdy musím zaplatit letištní poplatky?

Dotazy na cestu:

Can you help me I have lost my way.	Můžete mi pomoci, prosím, zabloudil jsem.
How do I get to...?	Jak se dostanu do...?

I am looking for…	Hledám…
I wonder if you can tell me the way to…?	Můžete mi náhodou říci, kde je…?
Could you tell me the way to…?	Můžete mi říci cestu do…?
Excuse me, is this the right way to…?	Promiňte, je to správná cesta do…?
Excuse me, where is…?	Promiňte, kde je…?
Am I right for Liverpool?	Jedu správně do Liverpoolu?
I want to go to London.	Chci jet do Londýna.
Which is the way to the Downing Street?	Kudy se jede do Downing Street?
Is this the way to Birmingham?	Je tohle silnice do Birmingha-mu?
Could you show me on the map which way I am to go to Coventry?	Můžete mi na mapě ukázat, kudy mám jet do Coventry?
What street is this?	Jaká je to ulice?
Which is the best road to…?	Která je nejlepší cesta do…?
How many miles is it to…?	Kolik mil je to do…?
How far is it?	Jak je to daleko?
Is it nearby?	Je to blízko?

V autopůjčovně:

Is there a car hire service nearby?	Je někde v blízkosti půjčovna aut?
I'd like to hire (rent U. S.) a car.	Chtěl bych si pronajmout auto.
How much would it cost to hire a car for a weekend?	Kolik by stál pronájem auta na víkend?
I need a small car for one day.	Potřebuji malé auto na jeden den.
What do you charge per mile?	Kolik účtujete za jednu míli?
What type of petrol does it run on?	Jaký benzin potřebuje?
Is the mileage unlimited?	Je počet kilometrů neomezený?
Is the car insured?	Je auto pojištěno?

117

Do I have to pay a deposit?	Musím složit zálohu?
Here is my driving licence.	Zde je můj řidičský průkaz.
What documents do I need?	Které doklady potřebuji?
I'd like an extra insurance for the passangers.	Chtěl bych připojištění pro spolucestující.
How much is the insurance?	Kolik stojí pojištění?
Where should I leave the car?	Kde mám auto odevzdat?
May I leave the car at the airport?	Mohu nechat auto na letišti?

Nákupy:

Which is the biggest department store around here?	Který je tady největší obchodní dům?
How can I get there?	Jak se tam dostanu?
Can you tell me where to buy...?	Můžete mi říci, kde bych si mohl koupit?
I must get some presents for my family.	Musím obstarat nějaké dárky pro rodinu.
What time do the shops open in the morning?	V kolik hodin obchody otevírají?
What's the closing time?	V kolik hodin se zavírá?
No, thank you I am only having a look around.	Ne, děkuji, jen se dívám.
Could you help me, please?	Můžete mi pomoci, prosím?
I'd like to buy...	Rád bych si koupil...
May I see this...	Mohu si prohlédnout tento (tuto)...
Could you show me...	Mohla byste mi ukázat...
Could you show me anything else?	Mohla byste mi ukázat něco jiného?
May I try it on?	Mohu si to zkusit?
Yes, I like it. No, I don't like it.	Ano, líbí se mi to. Ne, nelíbí se mi to.
I'll take this.	Vezmu si toto.

Don't you have anything cheaper?	Nemáte něco levnějšího?
I'd like something less expensive.	Chtěl bych něco levnějšího.
How much is it?	Kolik to stojí?
How much is it altogether?	Kolik to stojí dohromady?
How much are these books?	Kolik stojí tyto knihy?
Could you wrap it up?	Mohla byste to zabalit?
Can I use my credit card?	Mohu použít svou kreditní kartu?
May I have a bill, please?	Mohu dostat účet, prosím?
May I have a plastic bag, please?	Mohu dostat plastikovou tašku, prosím?

VŠEOBECNÉ KONVERZAČNÍ OBRATY

Poděkování:

Thank you. – That's all right. (That's O. K.)	Děkuji – Není zač.
Thank you very much. You are welcome.	Děkuji mnohokrát. Prosím.
Thank you for your help. You are welcome, I was happy to do it.	Děkuji Vám za Vaši pomoc. Prosím, rádo se stalo.
Thank you for everything you have done for me.	Děkuji Vám za vše co jste pro mne udělal.
I am very much obliged to you. Don't mention it. I was happy to do it.	Jsem Vám velice zavázán. To nestojí za řeč. Rád jsem to udělal.
You are very kind. Thank you very much for your advice.	Jste velmi laskav. Mnohokrát Vám děkuji za radu.
Well, let's hope it will be of some use.	Doufejme, že bude užitečná.

Omluvy:

I am sorry. Sorry. – That's all right. Promiňte. – To je v pořádku.

Excuse me, please. Promiňte, prosím.

I didn't do it gladly. Udělal jsem to nerad.

I am sorry to be late. Omlouvám se, že přicházím
pozdě.

I am sorry to have kept you Promiňte, že jsem Vás nechal
waiting. čekat.

You needn't apologize. Nemusíte se omlouvat.

Will you excuse me Omluvte mne
for a moment. na okamžik, prosím.

I am sorry to bother you, but … Promiňte, že Vás obtěžuji,
ale …

Never mind. To nevadí.

Please, don't take this the wrong Nic ve zlém,
way, but … ale …

I didn't mean it like that. Tak jsem to nemyslel.

It was awfully tactless of me. Bylo to ode mne dosti netaktní.

Politování:

What a shame! (What a pity!) Jaká škoda!

That is a great shame! To je velká škoda!

That is very unfortunate. To je velmi mrzuté.

I am very sorry about it. Velice toho lituji.

I am terribly sorry for him. Velice ho lituji.

Sorry, but there is nothing Lituji, ale nedá se nic
to be done. dělat.

I am sorry to hear that, To je mi líto, doufám,
I hope it isn't anything serious. že to není nic vážného.

I am sorry but it is not possible. Lituji, ale není to možné.

Údiv, překvapení:

Really? Truly? Opravdu? Skutečně?

I am astonished!	Já žasnu!
Well, that's a surprise.	To je ale překvapení.
That's really surprising.	To je opravdu překvapující.
Do you mean that seriously?	Myslíte to vážně?
Are you sure?	Jste si jist?
That's unbelievable!	To je neuvěřitelné!
Who'd have thougt it?	Kdo by si to byl pomyslel?
I've never heard of such a thing!	To je neslýchané!
What a surprise! That's great!	Jaké překvapení! To je skvělé!
What a lovely surprise.	To je ale příjemné překvapení.
You have given me a great shock.	To jste mě ale nepříjemně překvapil.

Uspokojení:

That's great! Excellent!	Výborně! Znamenitě!
That's fantastic! Wonderful!	To je znamenité! Báječné!
I am glad about that.	To jsem rád.
That pleases me very much.	To si nechám líbit.
That's the right way.	Tak je to správné.
I am very encouraged.	Jsem velmi povzbuzen.
I am glad to hear it.	To rád slyším.
I am very pleased, indeed.	To mě opravdu těší.

Nespokojenost:

I don't like it.	Nelíbí se mi to.
It's disgraceful.	To je ostuda.
I am sick of it.	Už toho mám dost.
It's rather boring.	To je dost nudné.
Leave me alone.	Dejte mi pokoj.
It's really stupid.	To je skutečně hloupé.

Rozhorlení, rozhořčení:

That's horrible!	To je ohavné!
What a scandal!	To je skandál!
That's shameful!	To je ostuda!
That's too much!	To je pro mne trochu silné!
I am greatly depressed.	Jsem hluboce zarmoucen.
I am disappointed.	Jsem zklamán.
Shame on you!	Styďte se!

Kladné odpovědi:

With pleasure.	S radostí.
Yes. Yes, of course. Naturally.	Ano. Ano, samozřejmě. Přirozeně.
Certainly.	Jistě.
That's true. That's it.	To je pravda. To je ono.
You are right.	Máte pravdu.
I am quite sure about it.	Jsem si tím docela jist.
I quite agree. I agree with you.	Úplně souhlasím. Souhlasím s Vámi.
That's a good idea.	To je dobrý nápad.
I have the same opinion as you.	Jsem téhož mínění jako Vy.
It stands to reason.	To se rozumí samo sebou.
Undoubtedly, I am quite sure about it.	Bezpochyby, jsem si tím docela jist.

Záporné odpovědi:

No, not at all.	Ne, vůbec ne.
That's not true.	To není pravda.
Never. In no case.	Nikdy. V žádném případě.
I disagree with you.	Nesouhlasím s Vámi.
I am against it.	Jsem proti tomu.

Under no circumstances.	Za žádných okolností.
On no account.	Za žádnou cenu.
You are mistaken. (You are wrong.)	Mýlíte se.
I doubt that.	O tom pochybuji.
It's not worth it.	To nestojí za to.
We can't have that.	To nemůžeme připustit.
That's impossible.	To není možné.
It's out of the question.	To nepřipadá v úvahu.
On the contrary.	Naopak.

Vyhýbavé odpovědi, váhání:

Yes and no.	Ano a ne.
We shall see. Who knows?	Uvidíme. Kdoví?
You could say that.	Lze to říci tak i tak.
I can't make up my mind.	Nemohu se rozhodnout.
It appears that way.	Zdá se, že je tomu tak.
Perhaps, it may be.	Snad, může být.
I am hesitating.	Váhám.
Maybe. Probably.	Možná. Pravděpodobně.
I am not certain.	Nejsem si zcela jist.
It's difficult to decide.	Je těžké rozhodnout.
Perhaps there's something in that.	Snad na tom něco je.
That is also possible.	Může to být také tak.
I'll think it over.	Rozmyslím si to.
I may be wrong.	Možná, že se mýlím.
You never can tell.	Člověk nikdy neví.
I haven't really thought about it yet.	Ještě jsem o tom nepřemýšlel.
That's hard to say.	To se dá těžko říci.

Sliby, ujištění:

Certainly. Sure. Of course.	Jistě. Určitě. Samozřejmě.
I promise.	Slibuji.
I'll keep my word.	Dodržím své slovo.
I give you my word of honour.	Dávám Vám své čestné slovo.
I'll do everything in my power.	Udělám vše co budu moci.
You can rely on me.	Můžete se na mne spolehnout.

OBSAH:

VII. KAPITOLA

VIII. KAPITOLA

IX. KAPITOLA

X. KAPITOLA

XI. KAPITOLA

XII. KAPITOLA

XIII. KAPITOLA

XIV. KAPITOLA

NAKLADATELSTVÍ J&M

Alšova 1733, 397 01 Písek
tel./fax 382 216 676
e-mail: jm@jm-pisek.cz, www.jm-pisek.cz